国家文化产业资金支持媒体融合重大项目

21世纪高等教育会计通用教材

省级精品课程配套教材

会计学综合模拟实验

（第二版）

Kuaijixue Zonghe Moni Shiyan

李占国 主 编
王子军 刘立佳 副主编

东北财经大学出版社
Dongbei University of Finance & Economics Press
大连

图书在版编目（CIP）数据

会计学综合模拟实验 / 李占国主编. —2版. —大连：东北财经大学出版社，2018.9（2019.2重印）
（21世纪高等教育会计通用教材）
ISBN 978-7-5654-3321-4

Ⅰ. 会… Ⅱ. 李… Ⅲ. 会计学-高等学校-教材 Ⅳ. F230

中国版本图书馆CIP数据核字（2018）第198958号

东北财经大学出版社出版
（大连市黑石礁尖山街217号 邮政编码 116025）
网 址：http：//www.dufep.cn
读者信箱：dufep@dufe.edu.cn
大连图腾彩色印刷有限公司印刷 东北财经大学出版社发行

幅面尺寸：205mm×285mm 字数：313千字 印张：15.75 插页：13
2018年9月第2版 2019年2月第4次印刷

责任编辑：包利华 曲以欢 责任校对：京 玮
封面设计：冀贵收 版式设计：钟福建

定价：38.00元

教学支持 售后服务 联系电话：（0411）84710309

第二版前言

更新勘误

法规、制度最新变化与内容调整

本次修订在秉承第一版的特色、风格和主要内容的基础上，主要作了以下几个方面的调整：

第一，体现最新税收法规的变化。按照财政部、国家税务总局《关于调整增值税税率的通知》（财税〔2018〕32号）中“2018年5月1日起，增值税税率由原17%、11%调整为16%、10%”的规定，对本教材中的有关内容进行了调整。

第二，体现最新会计准则、制度的变化。按照财政部《关于修订印发2018年度一般企业财务报表格式的通知》（财会〔2018〕15号）的要求，对本教材中相关会计报表的格式及填制方法进行了修订。

第三，增补记账凭证“铆管装订机装订方法”。本教材除原来阐述的“手工穿线装订方法”外，为减轻记账凭证装订工作量并方便装订，本次修订增补了记账凭证“铆管装订机装订方法”。

第四，增设“征税/扣税凭证汇总簿”的填写与整理。本教材提供了增值税专用发票（抵扣联）等增值税扣税凭证，为了解增值税专用发票通过扫描认证和网上勾选两种方式实现税款抵扣，本次修订增设了“征税/扣税凭证汇总簿”的填写与整理。

第五，增加“法规、制度最新变化与内容调整”二维码。为弥补纸质教材滞后的缺陷，及时更新教材中涉及有关税收法规与会计准则、制度变化的内容，以及对教材中出现的错漏及时进行更正与补充，在第二版前言的右上角设置了一个“法规、制度最新变化与内容调整”的二维码，将及时添加与更新最新税收法规与会计准则、制度的变化内容，以及对本教材的影响与教学内容的变化。同时，对教材在使用中发现的错漏内容进行及时勘误。

本次修订由上海电机学院李占国、王子军、刘立佳、周萍、韩超群、刘芳、姚玲、翟浩共同执笔，最后由李占国教授总纂定稿。

由于编者水平所限，书中难免有错漏之处，恳请读者批评指正。

作 者

2018年8月

第一版前言

会计教育是一种普及性教育，在我国高等院校的经济和管理类非会计专业，已将“会计学”课程作为学科基础课程或核心课程之一。会计作为一门应用性较强的学科，非经实践操作难以理解和掌握，但由于客观实际情况的限制，各个高校都将模拟实验教学搬入课堂，通过会计模拟实验：❶可以将理论课上学到的知识“翻译”成单证、账表，将会计实务工作引入课堂，从而使学生得到“实弹演习”的机会，增强知识的“立体感”，**认识**“账为何物”、**明确**“账从何来”、**清楚**“账有何用”；❷帮助学生对企业会计核算的全过程有一个比较清晰、完整、系统的认识，达到进一步提高学生的会计综合职业能力之目的。为此，编写一本适用于非会计专业进行会计实验教学的《会计学综合模拟实验》教材，就显得十分必要。

本书在编写过程中，融合了作者多年从事会计模拟实验教学的体会和编写实验教材的丰富经验，在以下几个方面进行了有益的尝试：

1. 项目完整，格式仿真。❶本实验教材按照“做中学、学中做、学做合一，实现理论与实践一体化教学”进行内容设计。❷本实验教材涵盖了建账、日常会计事项处理、费用归集分配、成本计算、期末会计事项处理、会计报表编制和会计档案管理等方面，有助于学生全面了解会计工作的流程，有效掌握会计核算的具体方法。❸本教材的原始凭证都直接来源于实际工作单位并彩色印刷；所给出的企业法人营业执照、预留银行印鉴卡等与实际工作中完全相同，有效减少二次学习。

2. 内容新颖，时效性强。按照最新会计准则和税收法规组织教材编写内容。❶体现了“五证合一、一照一码”的企业登记注册制度改革的要求；❷体现了“营改增”税收法规的变化，配合“营改增”的改革，按照“税金及附加”科目名称及其核算内容的变化进行编写（将“四小税”纳入其中）；❸体现了“企业所得税按季（月）预缴纳税申报”的相关内容。

3. 实训材料齐全，操作方便性强。❶本教材提供了全部实验操作所用的空白凭证、账簿、报表等材料，不需要再另行配置；❷本教材采用单面印刷和沿书脊钢模压线（孔），便于实验操作时撕裁；❸实验操作开始时，先将本书附录给出的空白日记账、明细账、总账、账簿封面和封底等沿书脊左（上）侧的钢模压线（孔）撕下，将各账簿按照顺序整理并加具相应的封面、封底后，日记账、总账用订书机沿装订线打钉装成订本式账簿，明细账用账绳从装订孔穿过并打活结装成活页式账簿；❹本教材所给空白记账凭证、账簿留有一定的余量，便于学生做错时替换；❺本教材提供了本实验所需准备物品清单、传票销号单等。

4. 扫描二维码，学习更方便。引入现代二维码技术，将会计交易或事项的账务处理提示与要求，以二维码的形式列示于每笔会计交易或事项第一张原始凭证的旁边，通过手机扫描二维码，既方便学生自主学习，又减少了教师的指导工作量并节约了大量篇幅，充分体现数字化信息技术带来的便利。

5.参考答案完整齐全，有利于指导教师的指导。本教材提供有完整的参考答案，包括自制原始凭证填制、所有记账凭证编制、科目汇总表编制、明细账登记、总账登记、会计报表编制，使用本教材的指导教师可向东北财经大学出版社索取。

教材编写是一项非常具体和细致的工作，尤其是会计模拟实验教材涉及大量的、前后连贯并具有勾稽关系的数据，其中的艰辛和工作量之大是可想而知的。尽管我付出了极大努力，但书中仍难免有不妥之处，恳请读者批评指正。

参考答案索取联系方式如下：

电话：0411-84711800

邮箱：184510119@qq.com

任课教师也可通过QQ扫描以下二维码进入讨论群下载答案：

会计实训教学交流群

李占国

2017年11月

目　　录

第一章　绪　论

一、会计学综合模拟实验的意义

会计学综合模拟实验，是高等院校会计专业、财务管理专业和审计专业以外的经济管理类专业学生职业能力培养的一门技能训练课程，既是会计学理论教学的必要补充，又是后续专业课程理论教学及模拟实验的基础。学生在学完“会计学”课程后，应进行一次较为完整、系统的会计核算的实际操作。

作为会计职业能力培养的一门专项技能实操课程，本书整合了制造业企业典型的会计交易或事项，按照会计核算程序，从建账开始，经过填制和审核原始凭证及记账凭证、登记明细账和总账，最后编制会计报表，完成一个会计循环。通过模拟实验：❶完整地掌握《会计学》教材各章节之间的联系，加深对会计循环的理解；❷掌握会计操作的基本技能，锻炼学生的实际工作能力；❸培养学生良好的工作作风和职业素养。

二、会计学综合模拟实验的内容

（1）认知企业及会计工作，包括：了解企业基本情况、企业内部会计制度、会计工作组织方式。

（2）建账，包括：熟悉建账流程，建立账簿文件，设置会计科目，登记期初金额。

（3）日常会计交易或事项处理，包括：银行借款和接受投资、存货采购及付款、固定资产和无形资产购进及付款、一般销售及应收款项的核算等。

（4）成本核算与期末会计事项的处理，其中，成本核算包括：材料费用、职工薪酬、折旧费用、水电费用等成本费用的归集与分配以及产品成本的计算；期末会计事项的处理包括：计提费用、计算结转本月应交的各种税费、结转损益、计算利润和利润分配。

（5）会计报表的编制，包括：❶期末进行试算平衡与对账和结账；❷编制资产负债表；❸编制利润表。

（6）会计档案的归档与保管，包括：会计凭证的装订及保管、会计报表及会计账簿的装订及保管。

三、模拟实验企业概况介绍

（1）营业执照：❶企业名称、法定代表人、地址及电话：光明市永春机械公司，李永春；光明市建设路68号，0513-98706543。❷注册资金：人民币肆仟贰佰万元整（42 000 000元）。其中：港城投资公司、海虹机械公司分别占60%和40%。❸企业类型与统一社会信用证代码（纳税人识别号）：有限责任公司，91310040213456070M。❹经营范围及主要产品：机械产品生产与销售；AH-15型车床（简称A产品）、BH-16型车床（简称B产品）。营业执照如图1-1所示。

（2）机构设置及负责人：财务科（钱一凡）；供销科（卜发愁）；办公室（赵婉茹）；生产车间（高安全）。

（3）开户银行及账号以及预留银行印鉴：❶中国工商银行光明市支行（简称“工行光支”），230045006；❷预留银行印鉴，是开户银行对企业签发票据所盖印鉴进行比对的依据，预留银行印鉴卡如图1-2所示。

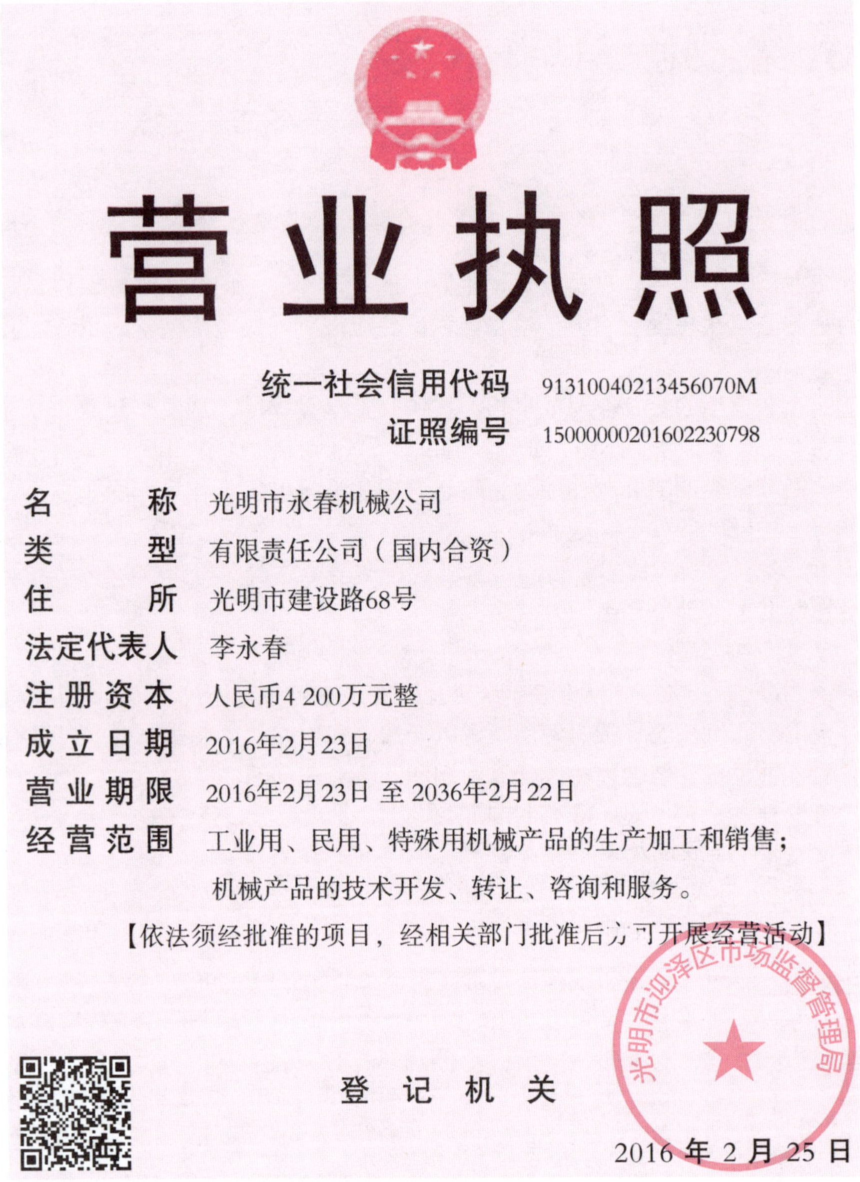

营业执照

统一社会信用代码 91310040213456070M

证照编号 15000000201602230798

名　　称　光明市永春机械公司

类　　型　有限责任公司（国内合资）

住　　所　光明市建设路68号

法定代表人　李永春

注册资本　人民币4 200万元整

成立日期　2016年2月23日

营业期限　2016年2月23日 至 2036年2月22日

经营范围　工业用、民用、特殊用机械产品的生产加工和销售；机械产品的技术开发、转让、咨询和服务。

【依法须经批准的项目，经相关部门批准后方可开展经营活动】

光明市迎泽区市场监督管理局

登 记 机 关

2016 年 2 月 25 日

图 1-1　营业执照

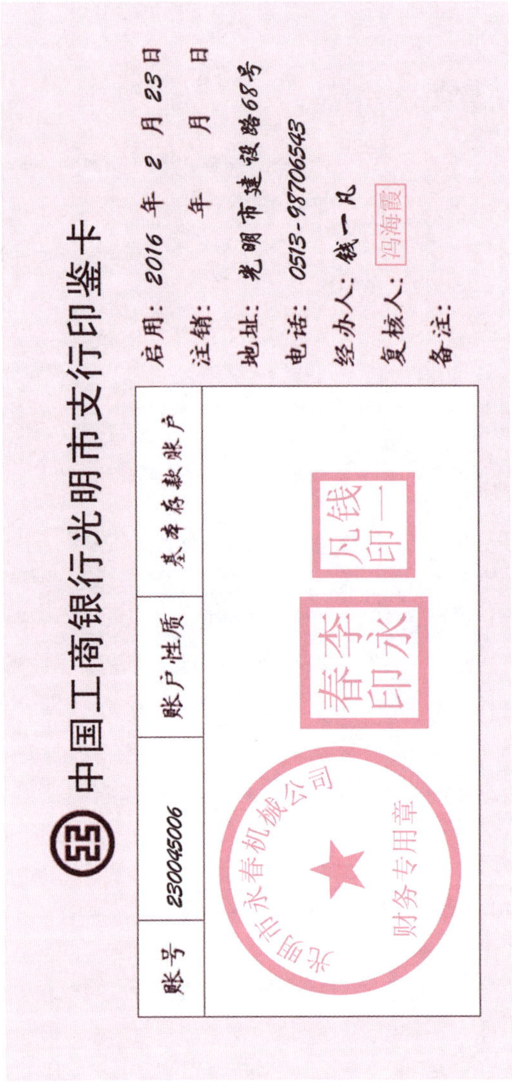

中国工商银行光明市支行印鉴卡

启用：2016 年 2 月 23 日

注销：　　年　　月　　日

地址：光明市建设路68号

电话：0513-98706543

经办人：钱一凡

复核人：冯海霞

备注：

账号	230045006	账户性质	基本存款账户

光明市永春机械公司 财务专用章

李永春印

钱一凡印

图 1-2　预留银行印鉴卡

四、模拟实验企业会计核算制度

（一）会计核算形式及凭证账簿组织

（1）会计核算形式。模拟实验企业采用科目汇总表账务处理程序，每半个月编制一次科目汇总表，并根据科目汇总表登记一次总账，明细账根据原始凭证和记账凭证逐笔登记。

（2）记账凭证种类。模拟实验企业使用复式记账凭证，分收款凭证、付款凭证和转账凭证三种类型。记账凭证按月、按类别连续编号。

（3）开设账簿及格式。模拟实验企业开设库存现金日记账、银行存款日记账、总账、明细账。总账和日记账账页均采用三栏式，明细账账页根据需要分别选用甲式（三栏式）、乙式（数量金额式）和多栏式。

（二）存货核算制度与方法

（1）原材料、库存商品明细核算。❶原材料、库存商品明细核算采用账卡合一方式，即在仓库设置一套材料明细账和库存商品明细账；❷平时由仓库保管员根据“收料单”（简称“收”字）、“领料单”（简称“领”字）、“产品入库单”（简称“入”字）、“产品出库单”（简称“出”字）的仓库联登记收发数量；❸记账会计每月月末核对收发数量并进行计价。

（2）原材料、库存商品收发的计价。原材料、库存商品的收发均按实际成本计价。❶发出单价按月末一次加权平均法计算；❷月末一次加权平均单价尾差计入结存金额。

（3）“原材料”明细账的登记方法。❶“原材料”明细账的“收入”栏根据“收料单”（仓库联）登记数量、单价和金额（本实验教材为节省篇幅只给出财务联，故财务联替代仓库联，一联两用）；❷“原材料”明细账的“发出”栏，平时根据“领料单”登记其数量，并将“领料单”妥善保管；❸月末由材料会计根据各材料明细账月初结存数量和金额、本月收入数量和金额，按月末一次加权平均法计算发出材料的单价，该单价乘以本月领用数量的合计，得出并登记发出材料的金额；❹月末根据“领料单”分品种、用途或部门汇总其领用数量，再乘以加权平均单价，编制“发料凭证汇总表”。

（4）“库存商品”明细账的登记方法。❶“库存商品”明细账的“收入”栏，平时根据“产品入库单”（财务联替代仓查联，一联两用）登记其收入数量，并将其妥善保管；❷月末根据“库存商品”明细账中结出的入库数量及“生产成本”明细账中的总成本和单位成本，编制“完工产品成本计算汇总表”（“产品入库单”作为该汇总表的附件）；❸根据该汇总表登记“生产成本”明细账月末的本月合计行、“收入”栏（或“借方”栏）的单价和金额；❹“库存商品”明细账的“发出”栏，平时根据“产品出库单”登记其发出数量；❺月末根据各库存商品明细账月初结存数量和金额、本月收入数量和金额，按“月末一次加权平均法”计算发出产品的单价，根据该单价及其乘以发出数量合计，登记“库存商品”明细账的“发出”栏的单价和金额；❻根据“库存商品”明细账的“发出”栏，编制“产品销售成本汇总计算表”。

（三）固定资产的核算

（1）固定资产的分类。固定资产分为“房屋建筑类”和“机器设备类”两大类，并按其设置二级明细账。

（2）固定资产折旧方法与折旧率。固定资产采用平均年限法分类计提折旧。其中，车间生产设备的月折旧率为0.8%，车间房屋的月折旧率为0.4%，管理用设备的月折旧率为0.6%，管理用房屋的月折旧率为0.2%。

（3）固定资产修理费用。按现行会计准则规定，应予以费用化的固定资产的修理费用一律计入管理费用。

（四）费用与成本

（1）职工福利费用。❶按工资总额的14%计提并按其用途记入有关成本费用账户（也可以不计提，但其使用应控制在工资总额的14%以内）；❷年末如未用完应冲销管理费用。

（2）费用分类与成本计算方法。❶费用按照经济用途进行分类，其中：直接材料、直接人工和制造费用计入产品成本，其余计入期间费用；❷采用“品种法”（简单法）计算产品成本；❸月末在产品成本计算采用定额法，为简化核算，直接给出月末在产品成本；❹制造费用按生产工人工资比例进行分配。

（五）增值税及税费附加

（1）增值税。公司销售各种产品应缴纳增值税，增值税税率为16%，增值税按期预缴（每月15日预缴一次），次月10日以前缴清。

（2）城市维护建设税及教育费附加。分别按照流转税（本书为应纳增值税）之和的7%和3%计算并按月缴纳，次月10日以前缴清。

（3）企业所得税。企业所得税的计税依据为应纳税所得额，本书假定会计所得额（利润总额）等于应纳税所得额（不需进行任何调整），所得税税率为25%，企业所得税“按年计算、按月据实预交、年终汇算清缴”。

（六）损益类账户采用“账结法”

❶1至11月月末，将各损益类账户（不包括“所得税费用”账户）余额转入“本年利润”账户。“本年利润”账户各月末余额，即为截至各月末实现的会计利润总额。❷年末，先将12月各损益类账户（不包括“所得税费用”账户）余额转入“本年利润”账户后，“本年利润”账户贷方余额即为全年实现的会计利润，然后，进行所得税汇算清缴并将所得税费用转入“本年利润”账户。这时，“本年利润”账户的贷方余额即为本年度实现的净利润。

（七）利润分配

（1）计提法定盈余公积。按照当期税后利润的10%计提法定盈余公积。

（2）向投资者分红。根据董事会决定的分配额和投资比例进行利润分配。

五、模拟实验企业会计核算岗位设置及职责

（一）会计主管（兼审核与制单）的岗位职责

❶审核原始凭证并根据原始凭证编制记账凭证，同时在记账凭证的“制单”处签名或盖章；❷根据业务顺序将原始凭证按照裁剪线进行撕裁并粘贴在记账凭证的后面（注意粘贴时原始凭证应与记账凭证左对齐、上对齐）；❸当每半个月的会计交易或事项填制完记账凭证后，应对该半个月的会计交易或事项所填制的记账凭证进行汇总并编制“科目汇总表”。

（二）记账会计（登记总账和部分明细账）的岗位职责

❶根据记账凭证登记有关明细账；❷根据原材料“领料单”登记“原材料”明细账的“发出”栏（数量）并结出“结存”栏（数量）；❸完成登账工作后，在记账凭证的“√”栏内注明过账符号，并在记账凭证的“记账”处签名或盖章；❹根据“科目汇总表”登记总账，并在总账栏打勾。

（三）出纳（兼记部分明细账）的岗位职责

❶根据记账凭证（收款凭证、付款凭证）登记库存现金日记账和银行存款日记账；❷根据原始凭证中的“产品入库单”和“产品出库单”

登记“库存商品明细账”的“收入”栏（数量）和“发出”栏（数量）并结出“结存”栏（数量）；❸完成登账工作后，在记账凭证的“√”栏内注明过账符号，并在记账凭证的“出纳”处签名或盖章。需要特别注意的是：出纳人员不得兼任稽核、会计档案保管和收入、支出、费用、债权债务账目的登记工作。

六、教学方案与课时安排建议

（1）作为一门独立的实践性课程，进行集中实训。❶建议安排在“会计学”课程理论教学完成后当学期的1~2周内完成。❷建议安排在“会计学”课程理论教学完成后下一学期的1~2周内完成。

（2）作为“会计学”课程的组成部分，分散在课内完成。❶如果“会计学”课程安排64学时（每周4学时），建议40学时完成理论教学，24学时完成实训教学（建议4学时连续进行）；❷如果“会计学”课程安排96学时（每周6学时），建议60学时完成理论教学，36学时完成实训教学（建议6学时连续进行）。

七、会计学综合模拟实验要求与考评

（一）实训要求

（1）掌握国家有关财经法律法规和企业会计制度，掌握各项费用的开支范围、标准及规定，加强学生政策法制观念。

（2）运用规范仿真的原始凭证、真实的记账凭证、会计账簿和会计报表，严格按照现行企业会计准则的要求进行操作。

（3）实训过程中遇到课堂理论教学中没有学到的新知识，要引导学生自己查阅资料，培养独立分析问题和解决问题的能力。

（4）实训结束后，将原始凭证、记账凭证、会计账簿、会计报表进行装订，作为考核的依据。

（5）实训结束后，每一名学生提交一份实训报告，主要包括以下几个方面：❶实训内容；❷实训过程；❸实训结果；❹实训中存在的问题及其解决的方法；❺实训体会及合理化建议。

（二）实训考评

实训考评包括实训过程和实训结果考评，分别占总成绩的40%与60%。实训过程考评以实训小组的考评为主，实训结果考评以学生提交的实训成果为依据，其评分标准分别为：❶原始凭证的填制和审核占20%；❷记账凭证的填制与审核占40%；❸账簿登记和会计报表编制占20%；❹会计档案装订占10%；❺实训报告撰写占10%。

第二章　初始建账及会计档案的整理与保管

一、会计学综合模拟实验初始建账

（一）建账流程

将本教材附录给出的空白账页沿书脊左（上）侧的撕裁线撕下，并按照以下流程进行建账：

第一步：预备账页，装置成册，包括：❶准备各种账簿（订本式）；❷预备有关账页（活页式、卡片式）；❸使用账夹装置成册。

第二步：填写“账簿启用表”，包括：❶在“账簿启用表”上填写单位名称、账簿名称、册数、编号、起止页数、启用日期、记账人员和会计主管人员姓名等；❷会计人员变动时，应注明交接日期、交接人员及监交人员姓名，并由交接双方签名或盖章，以明确责任。

第三步：建立账户，包括：❶建立总账账户；❷建立二、三级明细账户；❸结转上期账户余额。

第四步：顺序编号，包括：❶将账簿按顺序编号；❷编制账户目录（科目索引）；❸贴上账户索引纸（俗称“口取纸”）。

（二）建账方法

1.库存现金日记账、银行存款日记账的建账方法

根据表2-1所给的期初余额和本书附录所给的空白日记账账页登记“库存现金日记账”和“银行存款日记账”的期初余额。日记账的装订方法见本章“六、会计账簿、会计报表的装订及保管”中的“1.整理并装订日记账”。

2.明细账的建账方法

❶根据表2-1所给的各明细账期初余额和本书附录所给的明细账空白账页，按照明细账的目录顺序依次登记甲式（三栏式）账、多栏式明细账和乙式（数量金额式）账的期初余额；❷特别注意顺序，因为所给明细账的种类、格式、专栏多少、需要登记的内容（行数）多少不同；❸明细账的装订方法见本章“六、会计账簿、会计报表的装订及保管”中的“2.整理并装订明细账”。

3.总账的建账方法

❶根据表2-1所给的各总账期初余额和本书附录所给的总账空白账页，按照总账的目录顺序依次登记各有关总账的期初余额；❷总账的装订方法见本章“六、会计账簿、会计报表的装订及保管”中的“3.整理并装订总账”。

二、会计记账数字书写要求及练习

（一）汉字大写数字的标准写法

汉字大写数字是我国在长期的会计实践中，为防止人为篡改数字而采取的一项措施。一般要求：❶用正楷或行书书写，不能使用一、二、三、四、五、六、七、八、九、十、廿、卅等字样；❷不得自造简化字，也不能写谐音字，如果金额数字中使用繁体字也应受理；❸同一行的

相邻数字之间要空出半个大写数字的位置；❹字体各自成形，大小均匀，排列整齐，字迹工整、清晰。汉字大写数字的标准写法如下：

壹	贰	叁	肆	伍	陆	柒	捌	玖	零	拾	佰	仟	万	亿

（二）阿拉伯数字（小写）的书写要求及练习

阿拉伯数字1、2、3、4、5、6、7、8、9、0，简称小写数字，在财会工作中的书写要求如下：❶字体各自成形，大小均匀，排列整齐；❷数字不能写满格，每个数字一般约占格子高度的1/2，要留出空隙，以备更正改错之用，也清晰、美观；❸贴格子的底线书写，只有“7”和“9”两个数字可以超过底线一点，所占位置不能超过底线下格的1/4；❹字体要自右上方斜向左下方书写，斜度一致，约为60度，并且同一行的相邻数字之间要空出半个小写数字的位置；❺由上而下按列累加的数字，要注意对准位数；❻有圆圈的数字，如“6”“8”“9”“0”等，圆圈必须书写完整；❼对容易混淆的数字，如“0”和“9”、“1”和“7”、“3”和“5”、“3”和“8”等，尤其要严格区别，避免混同；❽“1”不能写短，要符合斜度，以防改为“4”、“6”、“7”和“9”，“6”起笔要伸到上半格的1/4处，下圆要明显，以防改“6”为“8”。阿拉伯数字的标准字体及书写练习如下：

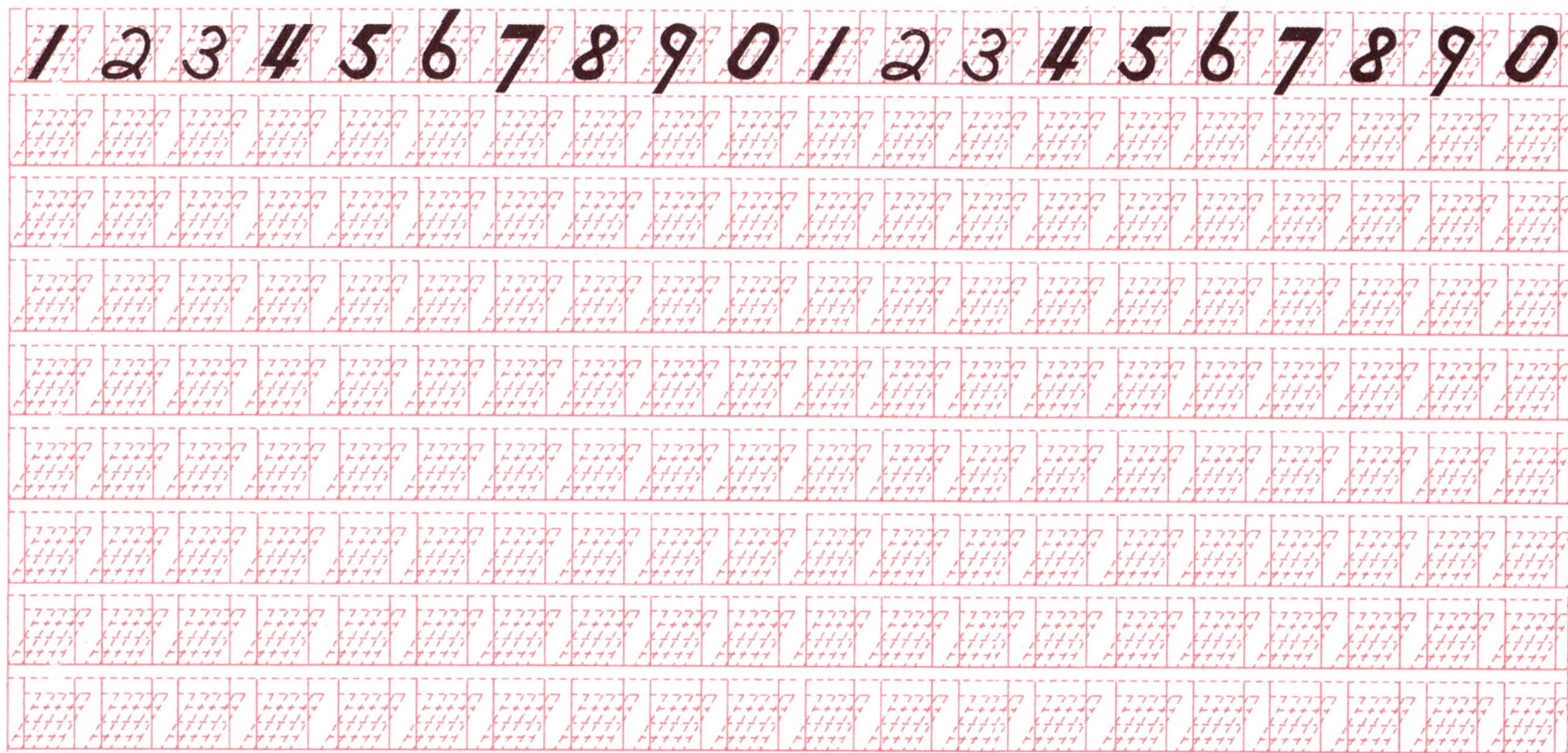

1	2	3	4	5	6	7	8	9	0	1	2	3	4	5	6	7	8	9	0

三、会计学综合模拟实验建账资料

（一）期初数据与所需账簿（页）格式

光明市永春机械公司2×18年12月的总账、明细账的月初余额及所需账簿（页）格式、数量和损益类账户1—11月累计发生额，见表2-1至表2-5。

表2-1

光明市永春机械公司有关总账及明细账月初余额表

序号	会计科目		12月月初余额（元）				所需账簿（页）	
	总账科目	明细科目	借　方		贷　方		格　式	数　量（张）
			总账金额	明细账金额	总账金额	明细账金额		
1	库存现金		9 775				三栏式账	1
		库存现金日记账		9 775			专用三栏式	2
2	银行存款		940 695				三栏式账	1
		银行存款日记账		940 695			专用三栏式	2
3	应收票据		240 000				三栏式账	1
		明远公司		240 000			甲式账（三栏式）	1
4	应收账款		255 000				三栏式账	1
		金花公司		260 000			甲式账（三栏式）	1
		宏图公司				5 000	甲式账（三栏式）	1
5	预付账款		81 000				三栏式账	1
		远程公司		87 000			甲式账（三栏式）	1
		星海公司				6 000	甲式账（三栏式）	1
6	其他应收款		6 500				三栏式账	1
		鲍巩英		6 500			甲式账（三栏式）	1

续表

序号	会计科目		12月月初余额（元）				所需账簿（页）	
	总账科目	明细科目	借　方		贷　方		格　式	数　量（张）
			总账金额	明细账金额	总账金额	明细账金额		
7	原材料		78 400				三栏式账	1
		甲材料		29 000	详细资料见表2-2		乙式账（数量金额式）	3
		乙材料		26 000				
		丙材料		23 400				
8	库存商品		144 200				三栏式账	1
		A产品		110 400	详细资料见表2-3		乙式账（数量金额式）	2
		B产品		33 800				
9	固定资产		4 900 000				三栏式账	1
		机器设备类		2 700 000			甲式账（三栏式）	1
		房屋建筑类		2 200 000			甲式账（三栏式）	1
10	累计折旧				865 960	865 960	三栏式账	1
11	在建工程		900 000				三栏式账	1
		配电室工程		200 000			甲式账（三栏式）	1
		2号生产线		700 000			甲式账（三栏式）	1
12	生产成本		18 550				三栏式账	1
		A产品		12 250	账内再按照成本项目设置若干个专栏，具体资料见表2-4		专用借方多栏式	2
		B产品		6 300				
13	制造费用						三栏式账	1
		制造费用	账内按照费用项目设置若干个专栏				通用借方多栏式	1

续表

序号	会计科目		12月月初余额（元）				所需账簿（页）	
	总账科目	明细科目	借　方		贷　方		格　式	数　量（张）
			总账金额	明细账金额	总账金额	明细账金额		
14	短期借款				400 000		三栏式账	1
		工行光支				400 000	甲式账（三栏式）	1
15	应付票据				64 000		三栏式账	1
		秋林公司				64 000	甲式账（三栏式）	1
16	应付账款				181 740		三栏式账	1
		鸿运公司				195 000	甲式账（三栏式）	1
		清流公司		21 000			甲式账（三栏式）	1
		华远钢铁厂				7 740	甲式账（三栏式）	1
17	预收账款				263 000		三栏式账	1
		通宝公司				290 000	甲式账（三栏式）	1
		新强公司		27 000			甲式账（三栏式）	1
18	应交税费				76 000		三栏式账	1
		未交增值税				30 000	甲式账（三栏式）	1
		应交城建税				4 200	甲式账（三栏式）	1
		应交教育费附加				1 800	甲式账（三栏式）	1
		应交所得税				40 000	甲式账（三栏式）	1
		应交房产税					甲式账（三栏式）	1
		应交增值税	账内再按规定的项目，分借方和贷方设置若干个专栏				专用借、贷方多栏式	1

续表

序号	会计科目		12月月初余额（元）				所需账簿（页）	
	总账科目	明细科目	借　方		贷　方		格　式	数　量（张）
			总账金额	明细账金额	总账金额	明细账金额		
19	应付职工薪酬				99 900		三栏式账	1
		工资				98 000	甲式账（三栏式）	1
		职工福利				1 900	甲式账（三栏式）	1
20	应付利息				4 520		三栏式账	1
		工行光支				4 520	甲式账（三栏式）	1
21	应付股利						三栏式账	1
		港城投资公司					甲式账（三栏式）	1
		海虹机械公司					甲式账（三栏式）	1
22	实收资本				4 150 000		三栏式账	1
		港城投资公司				2 490 000	甲式账（三栏式）	1
		海虹机械公司				1 660 000	甲式账（三栏式）	1
23	资本公积				269 000		三栏式账	1
		资本溢价				269 000	三栏式账	1
24	盈余公积				230 000		三栏式账	1
		法定盈余公积				230 000	甲式账（三栏式）	1
25								
		提取法定盈余公积					甲式账（三栏式）	1
		应付利润					甲式账（三栏式）	1
		未分配利润				340 000	甲式账（三栏式）	1

续表

序号	会计科目		12月月初余额（元）				所需账簿（页）	
	总账科目	明细科目	借方		贷方		格式	数量（张）
			总账金额	明细账金额	总账金额	明细账金额		
26	本年利润				630 000		三栏式账	1
		本年利润				630 000	甲式账（三栏式）	1
27	主营业务收入						三栏式账	1
		主营业务收入	账内按照“A产品”和“B产品”设置2个专栏				通用贷方多栏式	1
28	营业外收入						三栏式账	1
		营业外收入	账内按收入项目设置若干个专栏				通用贷方多栏式	1
29	主营业务成本						三栏式账	1
		主营业务成本	账内按照“A产品”和“B产品”设置2个专栏				通用借方多栏式	1
30	税金及附加						三栏式账	1
		税金及附加	账内按照税费种类设置若干个专栏				通用借方多栏式	1
31	销售费用						三栏式账	1
		销售费用	账内按费用项目设置若干个专栏				通用借方多栏式	1
32	管理费用						三栏式账	1
		管理费用	账内按费用项目设置若干个专栏				通用借方多栏式	1
33	财务费用						三栏式账	1
		财务费用	账内按费用项目设置若干个专栏				通用借方多栏式	1
34	营业外支出						三栏式账	1
		营业外支出	账内按支出项目设置若干个专栏				通用借方多栏式	1
35	所得税费用						三栏式账	1
合计			7 574 120	7 633 120	7 574 120	7 633 120		

表2-2 原材料明细账月初余额资料 金额单位：元

材料名称	12月月初余额				账页格式数量	
	计量单位	数量	单价	金额		
甲材料	千克	300	96.67	29 000*	乙式账	1
乙材料	千克	500	52.00	26 000	乙式账	1
丙材料	千克	300	78.00	23 400	乙式账	1
合计		—	—	78 400		

*因单价为“四舍五入”数字，尾差倒挤入期末结存金额。

表2-3 库存商品明细账月初余额资料 金额单位：元

商品名称	12月月初余额				账页格式数量	
	计量单位	数量	单价	金额		
A产品	台	40	2 760	110 400	乙式账	1
B产品	台	20	1 690	33 800	乙式账	1
合计		—	—	144 200		

表2-4 生产成本明细账月初余额资料 金额单位：元

成本计算对象	计量单位	数量	成本项目				所需账簿（页）	
			直接材料	直接人工	制造费用	在产品成本合计	格式	数量
A产品	台	7	8 400	2 100	1 750	12 250	专用借方多栏式	1
B产品	台	7	3 500	1 750	1 050	6 300	专用借方多栏式	1
合计			11 900	3 850	2 800	18 550		

表2-5 损益类账户1—11月份累计发生额汇总表 单位：元

账户名称	金额	借或贷	账户名称	金额	借或贷	账户名称	金额	借或贷
主营业务收入	4 332 000	贷方	主营业务成本	2 146 600	借方	财务费用*	21 990	借方
营业外收入	38 000	贷方	税金及附加	42 400	借方	营业外支出	212 310	借方
本年利润	630 000	贷方	销售费用	519 540	借方	所得税费用	210 000	借方
收入合计	5 000 000		管理费用	587 160	借方	费用合计	3 740 000	

*财务费用21 990元中，包括利息费用27 580元、利息收入6 300元。

（二）会计学综合模拟实验实操用凭证、账页、报表、封皮及相关物品

会计学综合模拟实验实操所需要的：❶空白记账凭证；❷空白科目汇总表；❸空白库存现金日记账；❹空白银行存款日记账；❺空白总分类账；❻空白明细分类账；❼封皮（记账凭证、账簿、报表封面和封底，记账凭证装订包角）；❽空白会计报表；❾空白总分类账户发生额及余额试算平衡表，在本教材的附录或相关章节中已给出。会计学综合模拟实验实操除本教材的附录或相关章节中已给出的实操用材料以外，还需要准备的物品，参见表2-6。

表2-6 会计学综合模拟实验所需相关物品一览表

序号	物品名称	规格型号	计量单位	数量	备注	序号	物品名称	规格型号	计量单位	数量	备注
1	资料盒	320mm×235mm×45mm	盒	1盒/（人、组）	一次性消耗	10	铅笔		支	1支/（人、组）	一次性消耗
2	直尺	300mm	把	1把/（人、组）	一次性消耗	11	小剪刀		把	1把/（人、组）	一次性消耗
3	回形针	小盒	盒	1盒/（人、组）	一次性消耗	12	订书针	普通	盒	1盒/班	一次性消耗
4	索引标签（口取纸）	蓝色，10张/小包	张	3张/（人、组）	一次性消耗	13	订书机		个	5个/班	实训室配备周转用
		红色，10张/小包	张	3张/（人、组）	一次性消耗	14	倒钩铁锥		把	1把/（人、组）	实训室配备周转用
5	胶水（棒）	小瓶	瓶	1瓶/（人、组）	一次性消耗	15	凭证打眼机		台	4台/班	实训室配备周转用
6	装订线		卷	2卷/班	一次性消耗	16	铆管装订机		台	4台/班	实训室配备周转用
7	账绳（带）		根	1根/（人、组）	一次性消耗	17	塑料铆管		根	10根/班	实训室配备消耗用
8	橡皮		块	1块/（人、组）	一次性消耗	18	财务专用章	直径40mm	个	10个/班	实训室配备周转用
9	财会专用笔	红色（0.35mm）	支	1支/（人、组）	一次性消耗	19	承前页章		个	1个/（人、组）	实训室配备周转用
		黑色（0.35mm）	支	1支/（人、组）	一次性消耗	20	转次页章		个	1个/（人、组）	实训室配备周转用
		黑色笔芯（0.35mm）	支	1支/（人、组）	一次性消耗	21	月结章		个	1个/（人、组）	实训室配备周转用

特别说明：本模拟实验操作实际需要：❶收款凭证6张，本教材提供10张；❷付款凭证19张，本教材提供24张；❸转账凭证27张，本教材提供32张；❹科目汇总表3张，本教材提供4张；❺明细账账页没有富余；❻总账账页富余1页。注意节约使用。

四、会计凭证的装订及保管

1.整理凭证并加具封面、封底和包角

(1) 整理记账凭证(后附原始凭证，且左对齐、上对齐进行粘贴)。将记账凭证分3部分(本)整理在一起：❶第四章上半月会计交易或事项所编制记账凭证；❷第四章下半月会计交易或事项所编制记账凭证；❸第五章成本计算与期末会计事项所编制记账凭证。

(2) 凭证排列顺序。对以上3部分(本)记账凭证中的每一部分：❶按照收、付、转的顺序整理；❷对收、付、转记账凭证再按照编号顺序整理；❸在每一部分(本)记账凭证的最前面粘贴根据该部分记账凭证所编制的科目汇总表。

(3) 加具封面和封底。对以上整理好的每本记账凭证：❶将本书附录所给出的3张记账凭证封皮撕下，然后沿裁剪线撕成封面和封底；❷将记账凭证的封面和封底分别加具到整理好的3本记账凭证的前后；❸将本书附录所给出的记账凭证装订包角撕下，沿虚线(打孔线)撕成4个十字包角，分别加具到每本的左上角(字朝下)；❹再次整理凭证并以左上角对齐，用铁夹子将其紧紧夹住。

2.手工穿线装订方法

(1) 打眼。在十字包角上以对角线的两点，用凭证打眼机从外到里均匀地打两个眼(在包角上已标出)，注意不能太靠外以免装订不牢，也不能太靠里以免不便于翻阅查证。

(2) 穿线。

第一步：将一根长约60cm的装订线分1/4和3/4折叠；

第二步：从里面的那个眼，将倒钩铁锥从正面穿出，从背面钩住装订线的折叠处并将其拉出(不要拉透，留出一个活扣)，然后压住装订线的短线头，将装订线的长线头翻过来从活扣中穿出并拉紧；

第三步：再次从里面的那个眼，将倒钩铁锥从正面穿出，从背面钩住装订线的长线头(折叠并留出穿线余地)，然后将其拉出(拉透不留活扣)并拉紧，这样形成第一个十字角；

第四步：从外面的那个眼，将倒钩铁锥从背面穿出，从正面钩住装订线的长线头(折叠并留出穿线余地)，然后将其拉出(不要拉透，留出一个活扣)，将装订线的长线头翻过来从活扣中穿出并拉紧；

第五步：再次从外面的那个眼，将倒钩铁锥从背面穿出，从正面钩住装订线的长线头(折叠并留出穿线余地)，然后将其拉出(拉透不留活扣)并拉紧，这样形成第二个十字角。

(3) 打结。在凭证的背面，将装订线的两端系上拉紧并打死结，然后用剪刀剪掉多余的线头。

3.铆管装订机装订方法

❶插上电源：插上电源，按下开关，电源指示灯亮(红灯)，机器处于预热状态。大约3分钟后，红灯灭后，绿灯亮起，机器可以开始热铆，预热时不影响机器的打孔。❷插入铆管：将接管盒盖打开，铆管插入机身后侧的小圆孔内。❸打孔：将文件放置在台面板上，放在所需装订的位置，压右边手柄进行打孔。注意文件要打穿，且手切勿放在打孔刀下。❹铆管入孔：打孔时，机器会根据打孔材料的厚度自动切出相应长度的铆管段，将其插入刚打的装订孔中。❺插入定芯轴：将文件移至机器左侧的热熔器下，并将定芯轴插入铆管中。❻热铆：压左边手柄，停留片刻。此时铆头温度较高，手勿靠近。❼装订完成：拔出定芯轴，取出文件，装订完成。❽倒

机器构架图

铆管装订机机器构架图

纸屑：取下接纸盒，将纸屑倒掉后装入。装订方法各步骤示意图如下：

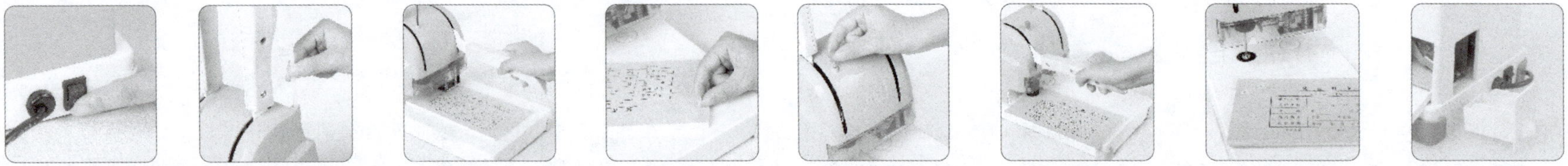

1. 插上电源、打开开关　2. 插入铆管　3. 打孔　4. 铆管入孔　5. 插入定芯轴　6. 热铆　7. 装订完成　8. 倒纸屑

4. 封角、填写凭证脊背、封面并盖章、归档

（1）封角。沿着十字包角的斜线折叠翻转露出包角正面，将十字包角的两头，抹上胶水，然后再将包角向下、向右折叠到背面并粘牢，要求包角能将装订线的线头全部覆盖上。

（2）填写凭证脊背。在十字包角折叠翻转粘贴形成的凭证脊背上，填写日期（年和月）、凭证总号起止号数（第几号至第几号）、凭证册序（第几册）和凭证册数（共几册）。

（3）填写封面。在凭证封面上填写起止日期、账册编号（第几册、共几册）；凭证种类、起止号数、凭证张数、附件张数、会计档案的卷宗号及保管年限等。

（4）盖章、归档。装订人员在装订线封签处签名或盖章，然后归档。

五、整理并装订增值税纳税申报资料

（1）整理增值税专用发票“抵扣联”。将增值税专用发票“抵扣联”集中在一起并按照日期进行排序。

（2）加具封面和封底。对以上整理好的增值税专用发票“抵扣联”：❶将本书附录所给出的“征税/扣税单证汇总簿封面”沿撕裁线撕下，然后沿裁剪线撕成封面和封底；❷将“征税/扣税单证汇总簿封面”的封面和封底加具到整理好的增值税专用发票“抵扣联”的前后；❸再次整理凭证并以左上角对齐，用铁夹子将其紧紧夹住。

（3）装订“征税/扣税单证汇总簿”并填写其封面。用订书机对“征税/扣税单证汇总簿”进行装订，然后填写封面，包括：单位名称、本月总册数、本册张数、本册号码、汇总征（扣）税额，经验票人审核无误后加盖验票人的名章。

六、会计账簿、会计报表的装订及保管

1. 整理并装订日记账

❶将附录给出的日记账账页（库存现金和银行存款）沿撕裁线撕下并整理在一起；❷将附录所给出的日记账封面、封底撕下；❸将日记账的封面和封底加具到整理好的日记账的前后，并用订书机将其订牢（订本式）；❹按照要求填写封皮并加盖公章。

2. 整理并装订明细账

❶将附录给出的明细账账页（数量金额式、多栏式、三栏式）空白账页沿撕裁线撕下并整理在一起。❷将附录所给出的明细账封面、封底

撕下。❸将明细账的封面和封底加具到整理好的明细账的前后，用账绳穿在一起并打结（活页式）。❹按照要求填写封皮（包括目录的科目名称）并加盖公章。❺在年末：首先，应按照顺序编写总号；其次，对每一总账所属明细账编写分号；最后，填写明细账目录的起始页码。

3.整理并装订总账

❶将附录给出的空白总账账页沿撕裁线撕下并整理在一起；❷将附录所给出的总账封面、封底撕下；❸将总账的封面和封底加具到整理好的总账账页的前后，并用订书机将其订牢（订本式）；❹按照要求填写封皮（包括目录的会计科目名称及账页起始页码）并加盖公章。

4.整理并装订会计报表

❶将编制完成的会计报表沿撕裁线撕下并整理在一起；❷将附录所给出的会计报表封面、封底撕下；❸将会计报表的封面和封底加具到整理好的会计报表的前后，并用订书机将其订牢；❹按照要求填写封皮并加盖公章。

5.会计档案的归档

装订人员在装订线封签处签名或盖章，然后归档并存入会计档案室。

第三章　会计交易或事项对应原始凭证业务类型及其内容的文字表述

一、12月1—15日日常会计交易或事项对应原始凭证业务类型及其内容的文字表述

业务1：**同城钱货两清销售产品。**1日，企业向本市联华机械公司销售产品，货已发出，收到转账支票（货款）并已送存银行。❶销售成立（或实现）——开具增值税专用发票。❷货已发出——填制“产品出库单”。❸货款收到——收到转账支票并送存银行。

业务2：**钱货两清，采购原材料（销售方采用委托收款结算方式）。**1日，收到并验收入库11月28日从金通机械公司购入的甲、乙两种材料，由对方负担运费。经审核无误后同意付款。

业务3：**现金报销购买办公用品款和车间房屋修缮费：固定资产修理——费用化支出——直接记入“管理费用”账户，销售服务——建筑服务——修缮服务“营改增”。**4日，办公室报销各车间部门直接领用的办公用品款和车间房屋修缮费，经审核无误，以现金付讫。

业务4：**通过银行收回应收账款。**4日，收到金花公司前欠的货款。收到银行转来金额为260 000元的电汇凭证（收账通知），注明系金花公司偿还前欠货款。

业务5：**发出材料，计价采用月末一次加权平均法并于月末汇总登记。**4日，各车间和部门填制标明用途的“领料单”领用材料。

业务6：**销售服务——现代服务——文化创意服务——广告服务“营改增”。**4日，开出转账支票支付光明市阳明广告公司广告费。

业务7：**偿付到期商业承兑汇票款。**7日，收款单位秋林公司托收到期商业承兑汇票款，经审核无误，同意并已通过银行付讫。

业务8：**收到托收的到期商业承兑汇票款。**7日，银行转来金额为240 000元的“托收凭证（收账通知）”，为明远公司偿付到期商业承兑汇票款。

业务9：**发放上月工资——由银行代发。**7日，根据上月应付工资结算汇总表发放上月职工工资98 000元，通过网银由银行代发，转入职工个人工资账户。

业务10：**有关税费的实际缴纳。**10日，据实预交上月应纳企业所得税；缴纳上月未交增值税、应交城建税和教育费附加。

业务11：**产成品入库。**10日，生产车间入库完工产品，填制“产品入库单”。

业务12：**冲销预付账款结算方式购进材料，预付金额与实际结算金额相等。**10日，采用预付账款结算方式向远程公司购进材料，材料已验收入库，货款冲销前已预付的货款。

业务13：**冲销预收账款结算方式销售产品，预收金额与实际结算金额相等。**13日，采用预收账款结算方式向通宝公司销售产品，货物由对方自提，全部款项冲销预收账款。

业务14：**偿还前欠货款。**13日，签发转账支票，偿还前欠鸿运公司的货款。

业务15：**销售服务——生活服务——教育医疗服务——医疗服务“营改增”。**13日，通过银行支付职工体检费，收到的增值税普通发票上注

明：价款15 000元、税额900元，经审核无误同意付款，开具金额为15 900元的转账支票。

业务16：**报销差旅费——销售服务——生活服务——餐饮住宿服务——住宿服务“营改增”**。15日，**报销差旅费并交回余款现金，结清原借款**。❶收到差旅费报销单，上列实际报销金额5 020元，其中：出差补助900元，后附飞机票1张金额为1 420元，火车票1张金额为580元，住宿费“增值税专用发票”上注明：价款2 000元、税额120元。❷原借款6 500元，退回余款并填制金额为1 480元的“内部收据”。

业务17：**公益救济性捐赠**。15日，向光明市红十字会捐款。❶收到的收款收据上注明捐款金额为53 000元；❷经审核无误，同意付款并开具金额为53 000元的转账支票。

特别提示：编制完第17笔业务的记账凭证后，应编制第一张“科目汇总表”（上半月第1—17笔业务）。

二、12月16—31日日常会计交易或事项对应原始凭证业务类型及其内容的文字表述

业务18：**商业承兑汇票结算方式购进原材料——应付票据**。16日，13日向秋林公司购进的甲、乙材料已验收入库，经审核无误，签发并承兑商业承兑汇票。

业务19：**缴纳上半月应缴增值税**。16日，通过中国工商银行电子缴税付款平台缴纳本月1—15日应交增值税43 297元。

业务20：**商业承兑汇票结算方式销售产品——应收票据**。18日，采用商业承兑汇票结算方式向明远公司销售产品，货已发出并由对方负担运费，收到对方签发并承兑的商业承兑汇票。

业务21：**发出材料，计价采用月末一次加权平均法并于月末汇总登记**。18日，各车间和部门填制标明有用途的“领料单”领用材料。

业务22：**购货方预付货款**。18日，收到开户银行转来的电汇凭证（收账通知），系通宝公司预付购货款45 000元。

业务23：**支付并分配水费**。21日，银行转来供水公司托收上月21日至本月20日水费的付款通知。

业务24：**支付并分配电费**。21日，银行转来供电公司托收上月21日至本月20日电费的付款通知。

业务25：**按照计息积数法，银行定期（按季度）与企业结算利息**。21日，❶收到银行计收借款利息清单（付款通知），支付本季度（9月21日至12月20日）的贷款利息6 720元；❷收到中国工商银行计付存款利息清单（收账通知），收到本季度（9月21日至12月20日）的活期存款利息收入550元。

业务26：**无法支付的应付账款，不满足负债确认的条件**。24日，经确认唐山华远钢铁厂已于1年前破产清算完毕，将应付货款7 740元确认为营业外收入。

业务27：**销售服务——建筑服务——安装服务“营改增”及工程完工达到预定可使用状态——形成固定资产**。24日，2号生产线工程完工，与本市晋源安装公司结算工程款项，开出转账支票支付；同时，结转完工工程成本。

业务28：**产成品入库**。24日，生产车间入库完工产品，填制“产品入库单”。

业务29：**赊购材料——应付账款**。27日，从本市鸿运公司购入乙、丙材料并已验收入库，经协商货款承诺于下月支付。收到的增值税专用发票上注明：乙材料数量400千克、单价49元、价款19 600元、税额3 136元；丙材料数量300千克、单价82元、价款24 600元、税额3 936元。填制“收料单”，注明材料采购成本：乙材料为19 600元、丙材料为24 600元。

业务30：**委托收款结算方式销售产品——应收账款**。27日，采用委托收款结算方式向金花公司销售产品，由对方自提货物，货物已于发出

当日办妥货款托收手续。

业务31：**预付购货定金。**27日，按照合同规定预付购远程公司货物定金，经审核同意付款，填制金额为40 000元的“电汇凭证（回单）”，同时，银行扣除汇兑手续费20元。

业务32：**提现备用。**30日，开出现金支票，从银行提取现金7 000元。

业务33：**现金报销购买印花税票款和支票工本费。**30日，办公室报销购买印花税票款200元、购买现金支票和转账支票各1本的工本费100元，以库存现金付讫。

业务34：**鲍巩英出差借现金。**30日，职工鲍巩英出差借款6 000元，填制“借款单”，经审核同意以现金付讫。

特别提示：到第34笔业务为止，应编制第二张“科目汇总表”（下半月第18—34笔业务）。

三、成本计算会计事项对应原始凭证业务类型及其内容的文字表述

业务35：**材料费用的归集与分配。**月末，按照月末一次加权平均法计算本月发出原材料的加权平均单价，然后汇总“领料单”，编制“发料凭证汇总表”，进行材料费用的归集与分配。

业务36：**工薪费用的分配与结转。❶工资费用的分配与结转。**月末，根据考勤记录（略），分车间、部门和用途，编制“应付工资费用分配汇总表”，分配并结转工资费用。**❷职工福利费的计提与结转。**月末，根据“应付工资费用分配汇总表”提供的工资总额，按照14%的比例计算并编制“职工福利费计提表”，分配并结转职工福利费。

业务37：**归集、分配并结转折旧费用。**月末，根据月初固定资产原值和确定的折旧率，计算并编制“固定资产折旧计算汇总表”，计提并结转固定资产折旧费用。提示：“累计折旧”账户可以不设置明细账。

业务38：**归集、分配并结转制造费用。**月末，根据“制造费用”明细账所归集的费用总额（借方发生额），按照成本计算对象（各产品）生产工人工资的比例，计算并编制“制造费用分配表”，进行制造费用的分配与结转。

业务39：**采用“定额成本法”，计算并结转完工产品成本。**月末，根据“生产成本”明细账所记录的生产费用总额（月初在产品成本与本月发生的生产费用之和），扣除采用“定额成本法”计算的月末在产品成本（定额成本），结合“产品入库单”提供的完工数量，分成本项目编制“完工产品成本计算汇总表”，计算并结转完工产品成本。

四、期末会计事项对应原始凭证业务类型及其内容的文字表述

业务40：**采用月末一次加权平均法，计算并结转已销产品成本。**月末，根据“库存商品”明细账的期初结存（数量、金额）和本期收入（数量、金额），计算本月已销产品的加权平均单价，结合“产品出库单”提供的发出数量，编制“产品销售成本汇总计算表”并结转已销产品成本。

业务41：**计算并结转应交增值税、转出未交增值税。**月末，根据“应交税费——应交增值税”明细账的有关专栏，计算并填制“应纳增值税及转出未交增值税计算表”，转出未交增值税。

业务42：**计算并结转应交城建税、应交教育费附加和应交房产税。**月末，根据税法的有关规定，计算并编制“应纳城建税和教育费附加计算表”和“房产税从价计征计算表”，结转应纳城建税、教育费附加和房产税。

业务43：**计提本月短期借款利息。**月末，根据“短期借款”所属明细账的期初余额、期末余额和规定的借款利率，计算并填制本月“银行借款利息计提表”，计算并结转本月短期借款利息费用。

业务44：**“账结法”下结转损益类账户余额至“本年利润”账户。**月末，根据本月各收入类账户的贷方发生额和费用类账户的借方发生额，填制“本月损益类账户发生额汇总表”，结转损益类账户发生额至“本年利润”账户。

业务45：**企业所得税按月据实预缴。**31日（期末），根据“损益类账户1—11月份累计发生额汇总表”和“本月损益类账户发生额汇总表”，填制“企业所得税按月预缴纳税申报表”，计算并结转本月应交企业所得税；同时结转所得税费用至“本年利润”账户。提示：“所得税费用”账户可以不设置明细账。

业务46：**利润分配。**31日（期末），按照《中华人民共和国公司法》的规定和董事会的决定进行利润分配，包括提取法定盈余公积和向投资者分配利润。

业务47：**计算并结转未分配利润。**31日（期末），结转净利润和已分配利润，计算并结转未分配利润。

特别提示：账务处理到第47笔业务为止，应编制第三张“科目汇总表”（第35—47笔业务）。

五、编制会计报表会计事项的文字表述

业务48：**结账与编制总分类账户发生额及余额试算平衡表。**

业务49：**编制“资产负债表”。**账务处理要求与提示：根据“总分类账户发生额及余额试算平衡表”的“期末余额”栏，结合有关明细账的期末余额，采用“直接填列法”和“分析填列法”填列“资产负债表”的“期末余额”栏。

业务50：**编制“利润表”。**账务处理要求与提示：根据“总分类账户发生额及余额试算平衡表”有关损益类账户的“本月发生额”栏金额和“1—11月份损益类账户累计发生额”，结合有关明细账的发生额，填列“利润表”各项目的“本期金额”栏和“本年累计金额”栏。

第四章　日常会计交易或事项的账务处理要求及对应的原始凭证

日常会计交易或事项的账务处理要求

日常会计交易或事项是指本月发生的除成本计算、期末会计事项和会计报表编制外的会计交易或事项。

根据企业会计核算的基本岗位设置及职责，结合该企业采用“科目汇总表核算形式”的要求，日常会计交易或事项的账务处理流程和要求如下：

（1）审核会计交易或事项（原始凭证）。审核员（会计主管）接到外来或自制的原始凭证后：❶对其进行合法性、合规性、合理性审核并签署审核意见；❷按照业务顺序将审核无误的各个原始凭证按照裁剪线进行撕裁并传递给制单会计。

（2）编制记账凭证。制单会计对经审核员（会计主管）审核无误的原始凭证：❶在空白记账凭证上编制会计分录并在记账凭证的“制单”处签名或盖章（提示：车间或部门领用材料的业务和产成品入库业务，不编制记账凭证）；❷将原始凭证粘贴在已填制完成的记账凭证后面，并将其传递给审核员（会计主管）；❸记账凭证右上角的编号：总号填写业务序号，分号分别“收”“付”“转”按照顺序编写。（提示：日常会计交易或事项需要编制收款凭证6张、付款凭证19张、转账凭证27张）

（3）登记库存现金和银行存款日记账。出纳员接到审核员（会计主管）审核无误的收款凭证和付款凭证后：❶根据记账凭证逐日、逐笔登记库存现金日记账和银行存款日记账；❷在每一日最后一笔收付款业务登记完毕后，按日对日记账进行本日合计并结出余额。（提示：由于本教材的库存现金收付款业务较少，可略去这一步骤）

（4）登记明细账。记账会计根据审核无误的记账凭证和有关原始凭证登记有关明细账，其中：❶“原材料明细账”的登记依据为收料单和领料单，“凭证字号”栏的“字”应填写“收”字或“领”字，“凭证字号”栏的“号”应填写收料单和领料单右上角的编号；❷“库存商品明细账”的登记依据为产品入库单和产品出库单，“凭证字号”栏的“字”应填写“入”字或“出”字，“凭证字号”栏的“号”应填写产品入库单和产品出库单右上角的编号；❸“原材料明细账”和“库存商品明细账”应逐笔结出结存数量；❹其余明细账的登记依据为记账凭证，“凭证字号”栏应填写记账凭证右上角的编号（分号），分别为：收1、收2、……；付1、付2、……；转1、转2、……。

（5）编制“科目汇总表”。本企业分上半月和下半月编制“科目汇总表”，当每半月的日常会计交易或事项填制完记账凭证后，主管会计应对其记账凭证进行汇总，编制“科目汇总表”。

（6）登记总分类账。记账会计根据“科目汇总表”登记总分类账。其中：❶凭证字号为：科汇1、科汇2、……；❷在总分类账的“摘要”栏应分别填写：“上半月发生额”和“下半月发生额”字样。

2×18年12月份发生的日常会计交易或事项，见业务1—业务58所给出的原始凭证。

实操一 12月1—15日日常会计交易或事项的原始凭证及账务处理提示

业务 1-3-1

光明市永春机械公司 产品出库单

购买方：联华机械公司　　2×18年12月1日　　仓库：成品库　编号：401

产品编号	规格	产品名称	计量单位	数量 应发	数量 实发	单位成本	金额	备注
（略）	（略）	A产品	台	20	20			
		B产品	台	20	20			

二 财务联

供销主管：卜发愁　保管员：甄仔细　记账：高桂格　制单：严尧秋

业务 1-3-2

光明增值税专用发票

3102184130　　№ 15452152

此联不作报销、扣税凭证使用　　开票日期：2×18年12月1日

购买方	名称：光明市联华机械公司 纳税人识别号：91310020314956839A 地址、电话：光明市华光路12号 29670384 开户行及账号：工商银行北海办事处 230086005			密码区	（略）		
货物或应税劳务、服务名称	规格型号	单位	数量	单价	金额	税率	税额
A产品		台	20	6 000.00	120 000.00	16%	19 200.00
B产品		台	20	4 000.00	80 000.00	16%	12 800.00
合计					¥200 000.00		¥32 000.00
价税合计（大写）	⊗贰拾叁万贰仟元整				（小写）¥232 000.00		
销售方	名称：光明市永春机械公司 纳税人识别号：91310040213456070M 地址、电话：光明市建设路68号 98706543 开户行及账号：工商银行光明市支行 230045006			备注			

第一联 记账联 销售方记账凭证

收款人：王进勇　复核：　开票人：刘富民　销售方（章）

业务 1-3-3

ICBC 中国工商银行 进账单 （收账通知） 3

2×18年12月1日

出票人	全称	光明市联华机械公司	收款人	全称	光明市永春机械公司
	账号	230086005		账号	230045006
	开户银行	工行北海办事处		开户银行	工行光明市支行
金额	人民币（大写）	贰拾叁万贰仟元整		亿千百十万千百十元角分	¥23200000
票据种类	转账支票	票据张数	1		
票据号码	15025486				
	复核 记账			收款人开户银行签章	

此联是收款人开户银行交给收款人的收账通知

业务2-5-1

光明市永春机械公司 报账（付款）审批单

部门：供销科　　　　2×18年12月1日

经手人	鲍巩英	事由	支付金通机械公司货款
项目名称	金额（元）	付款（结算）方式	备注
材料采购	98 020.00	委托收款（付款通知）	运费由销货方负担
合　计	98 020.00		
单位负责人审批	财务主管	部门领导	出纳员
同意。 李永春	同意。 钱一凡	同意。 卜发愁	张理财

附单据3张

业务提示

业务2-5-2

山西增值税专用发票

发票联（山西省 国家税务总局监制）

1401188130　　№ 15452967

开票日期：2×18年11月28日

购买方	名　称：光明市永春机械公司 纳税人识别号：91310040213456070M 地址、电话：光明市建设路68号 98706543 开户行及账号：工商银行光明市支行 230045006			密码区	（略）			
货物或应税劳务、服务名称	规格型号	单位	数量	单价	金额	税率	税额	
甲材料		千克	500	97.00	48 500.00	16%	7 760.00	
乙材料		千克	720	50.00	36 000.00	16%	5 760.00	
合　计					¥84 500.00		¥13 520.00	
价税合计（大写）	⊗玖万捌仟零贰拾元整				（小写）¥98 020.00			
销售方	名　称：太原市金通机械公司 纳税人识别号：91140106315853205A 地址、电话：太原市府东街88号 7808900 开户行及账号：工商银行府东街办事处 246790025			备注				

收款人：李来发　　复核：　　开票人：郭有理　　销售方（章）

（印章：太原市金通机械公司 91140106315853205A 发票专用章）

第三联 发票联 购买方记账凭证

业务2-5-3

山西增值税专用发票

抵扣联（山西省 国家税务总局监制）

1401188130　　№ 15452967

开票日期：2×18年11月28日

购买方	名　称：光明市永春机械公司 纳税人识别号：91310040213456070M 地址、电话：光明市建设路68号 98706543 开户行及账号：工商银行光明市支行 230045006			密码区	（略）			
货物或应税劳务、服务名称	规格型号	单位	数量	单价	金额	税率	税额	
甲材料		千克	500	97.00	48 500.00	16%	7 760.00	
乙材料		千克	720	50.00	36 000.00	16%	5 760.00	
合　计					¥84 500.00		¥13 520.00	
价税合计（大写）	⊗玖万捌仟零贰拾元整				（小写）¥98 020.00			
销售方	名　称：太原市金通机械公司 纳税人识别号：91140106315853205A 地址、电话：太原市府东街88号 7808900 开户行及账号：工商银行府东街办事处 246790025			备注				

收款人：李来发　　复核：　　开票人：郭有理　　销售方（章）

（印章：太原市金通机械公司 91140106315853205A 发票专用章）

第二联 抵扣联 购买方扣税凭证

业务2-5-4

光明市永春机械公司 收料单

编号：101

供货单位：太原市金通机械公司　　2×18年12月1日　　仓库：原料库

材料类别	材料编号	名称及规格	计量单位	数量		实际成本（元）			
				应收	实收	发票价格	采购费用	合计	单价
（略）	（略）	甲材料	千克	500	500	48 500		48 500	97.00
		乙材料	千克	720	720	36 000		36 000	50.00
合 计						84 500		84 500	

二 财务联

供销主管：卜发愁　保管员：特认真　记账：高桂格　制单：艾志丹

业务2-5-5

ICBC 中国工商银行 托收凭证（付款通知） 5

委托日期 2×18年11月28日　付款期限 2×18年12月1日

业务类型	委托收款（☑邮划、□电划）　托收承付（□邮划、□电划）					
付款人 全称	光明市永春机械公司		收款人 全称	太原市金通机械公司		
付款人 账号	230045006		收款人 账号	246790025		
付款人 地址	省光明市	开户行 工行光支	收款人 地址	山西省太原市	开户行	工行府东办
金额 人民币（大写）	玖万捌仟零贰拾元整			¥98 020.00		
款项内容	货款	托收凭据名称	增值税专用发票	附寄单证张数	2	
商品发运情况		合同名称号码				
备注： 复核 记账	付款人开户银行签章 2×18年12月1日	付款人注意：1.根据支付结算办法，上列委托收款（托收承付）款项在付款期限内未提出拒付，即视为同意付款，以此代付款通知。2.如需提出全部或部分拒付，应在规定期限内，将拒付理由书并附债务证明退交开户银行。				

（印章：中国工商银行光明市支行 2×18年12月01日 转讫）

此联是付款人开户银行给付款人的按期付款通知

业务3-6-1

光明市永春机械公司 报账（付款）审批单

部门：办公室　　2×18年12月4日

经手人	焦吉华	事由	现金报销办公费及修缮费
项目名称	金额（元）	付款（结算）方式	备注
办公费	5 220.00	库存现金	
修缮费	2 120.00	库存现金	
合 计	7 340.00		
单位负责人审批	财务主管	部门领导	出纳员
同意。李永春	同意。钱一凡	同意。赵婉茹	张理财

（印章：现金付讫）

附单据 3 张

业务 3-6-2

光明增值税专用发票

发票联

3100184130　　№ 30853462

开票日期：2×18年12月4日

购买方	名称：光明市永春机械公司 纳税人识别号：91310040213456070M 地址、电话：光明市建设路68号 98706543 开户行及账号：工商银行光明市支行 230045006	密码区	（略）				
货物或应税劳务、服务名称	规格型号	单位	数量	单价	金额	税率	税额
复印纸		箱	10	80.00	800.00	16%	128.00
移动硬盘		个	8	400.00	3 200.00	16%	512.00
文件夹		个	25	20.00	500.00	16%	80.00
合计					￥4 500.00		￥720.00
价税合计（大写）	⊗伍仟贰佰贰拾元整				（小写）￥5 220.00		
销售方	名称：光明市文苑文化用品公司 纳税人识别号：91310138241678215A 地址、电话：光明市天苑路28号 71089420 开户行及账号：工商银行天苑路办事处 236390070	备注					

收款人：郭大光　　复核：　　开票人：张清远　　销售方（章）

第三联 发票联 购买方记账凭证

（印章：光明市文苑文化用品公司 91310138241678215A 发票专用章）

业务 3-6-3

光明增值税专用发票

抵扣联

3100184130　　№ 30853462

开票日期：2×18年12月4日

购买方	名称：光明市永春机械公司 纳税人识别号：91310040213456070M 地址、电话：光明市建设路68号 98706543 开户行及账号：工商银行光明市支行 230045006	密码区	（略）				
货物或应税劳务、服务名称	规格型号	单位	数量	单价	金额	税率	税额
复印纸		箱	10	80.00	800.00	16%	128.00
移动硬盘		个	8	400.00	3 200.00	16%	512.00
文件夹		个	25	20.00	500.00	16%	80.00
合计					￥4 500.00		￥720.00
价税合计（大写）	⊗伍仟贰佰贰拾元整				（小写）￥5 220.00		
销售方	名称：光明市文苑文化用品公司 纳税人识别号：91310138241678215A 地址、电话：光明市天苑路28号 71089420 开户行及账号：工商银行天苑路办事处 236390070	备注					

收款人：郭大光　　复核：　　开票人：张清远　　销售方（章）

第二联 抵扣联 购买方扣税凭证

（印章：光明市文苑文化用品公司 91310138241678215A 发票专用章）

业务 3-6-4

办公用品领用及费用分配表

2×18年12月4日　　金额单位：元

领用部门	复印纸		移动硬盘		文件夹		金额合计	签字
	数量	金额	数量	金额	数量	金额		
生产车间					5	100.00	100.00	高安全
企业管理部门	8	640.00	6	2 400.00	20	400.00	3 440.00	赵婉茹
专设销售机构	2	160.00	2	800.00			960.00	鲍巩英
合计	10	800.00	8	3 200.00	25	500.00	4 500.00	
备注：各车间、部门直接领用。								

财务主管：钱一凡　　制单：严尧秋　　记账：高桂格

业务 3-6-5

光明增值税专用发票

发票联

№ 31804029

3102184130　　开票日期：2×18年12月4日

购买方	名　　称：光明市永春机械公司 纳税人识别号：91310040213456070M 地 址、电 话：光明市建设路68号 98706543 开户行及账号：工商银行光明市支行 230045006				密码区	（略）		
货物或应税劳务、服务名称	规格型号	单位	数　量	单　价	金　额	税率	税　额	
车间房屋修缮费					2 000.00	6%	120.00	
合　计					¥2 000.00		¥120.00	
价税合计（大写）	⊗贰仟壹佰贰拾元整				（小写）¥2 120.00			
销售方	名　　称：光明市方正建筑公司 纳税人识别号：91310112784668212A 地 址、电 话：光明市建设路12号 34569519 开户行及账号：工商银行光明市支行 230051441				备注	光明市方正建筑公司 91310112784668212A 发票专用章		

收款人：高晓东　　复核：　　开票人：白玫瑰　　销售方（章）

第三联 发票联 购买方记账凭证

业务 3-6-6

光明增值税专用发票

抵扣联

№ 31804029

3102184130　　开票日期：2×18年12月4日

购买方	名　　称：光明市永春机械公司 纳税人识别号：91310040213456070M 地 址、电 话：光明市建设路68号 98706543 开户行及账号：工商银行光明市支行 230045006				密码区	（略）		
货物或应税劳务、服务名称	规格型号	单位	数　量	单　价	金　额	税率	税　额	
车间房屋修缮费					2 000.00	6%	120.00	
合　计					¥2 000.00		¥120.00	
价税合计（大写）	⊗贰仟壹佰贰拾元整				（小写）¥2 120.00			
销售方	名　　称：光明市方正建筑公司 纳税人识别号：91310112784668212A 地 址、电 话：光明市建设路12号 34569519 开户行及账号：工商银行光明市支行 230051441				备注	光明市方正建筑公司 91310112784668212A 发票专用章		

收款人：高晓东　　复核：　　开票人：白玫瑰　　销售方（章）

第二联 抵扣联 购买方扣税凭证

业务 4

ICBC 中国工商银行　电汇凭证（收账通知）　4

☑普通　□加急　　委托日期 2×18年12月4日

汇款人	全　称	昆明市金花机械公司	收款人	全　称	光明市永春机械公司
	账　号	280500004		账　号	230045006
	开户银行	工商银行昆明市支行		开户银行	工商银行光明市支行
金额	人民币（大写）	贰拾陆万元整		亿千百十万千百十元角分	¥26000000
此汇款已收入收款人账户。		汇入行签章	支付密码		
			附加信息及用途：偿还前欠永春机械公司的货款。		复核：　记账：

2×18年12月4日

中国工商银行光明市支行 2×18年12月04日 转讫

此联为给收款人的收账通知

业务 5-3-1

光明市永春机械公司　领料单

编号：201

领料单位：生产车间　　2×18年12月4日　　仓库：原材料库

材料类别	材料编号	名称及规格	计量单位	数量		单价	金额	领料用途
				请领	实发			
（略）	（略）	甲材料	千克	460	460			生产A产品
		乙材料	千克	495	495			

二 财务联

车间主管：高安全　保管员：特认真　记账：高桂格　制单：艾志丹

业务 5-3-2

光明市永春机械公司　领料单

编号：202

领料单位：生产车间　　2×18年12月4日　　仓库：原材料库

材料类别	材料编号	名称及规格	计量单位	数量		单价	金额	领料用途
				请领	实发			
（略）	（略）	甲材料	千克	330	330			生产B产品
		乙材料	千克	400	400			

二 财务联

车间主管：高安全　保管员：特认真　记账：高桂格　制单：艾志丹

业务 5-3-3

光明市永春机械公司　领料单

编号：203

领料单位：供销科　　2×18年12月4日　　仓库：原材料库

材料类别	材料编号	名称及规格	计量单位	数量		单价	金额	领料用途
				请领	实发			
（略）	（略）	丙材料	千克	230	230			产品销售包装

二 财务联

车间主管：高安全　保管员：特认真　记账：高桂格　制单：艾志丹

业务 6-4-1

光明市永春机械公司　报账（付款）审批单

部门：办公室　　　　2×18年12月4日

经手人	焦吉华	事由	支付广告费
项目名称	金额（元）	付款（结算）方式	备注
广告费	39 273.00	转账支票	
合　计	39 273.00		
单位负责人审批	财务主管	部门领导	出纳员
同意。 李永春	同意。 钱一凡	同意。 赵婉茹	张理财

附单据 2 张

业务提示

业务 6-4-2

光明增值税专用发票

No 15453864

3102184130　　　　开票日期：2×18年12月4日

（发票联）

购买方	名称：光明市永春机械公司 纳税人识别号：91310040213456070M 地址、电话：光明市建设路68号 98706543 开户行及账号：工商银行光明市支行 230045006				密码区	（略）		
货物或应税劳务、服务名称	规格型号	单位	数量	单价	金额	税率	税额	
广告费		㎡	247	150.00	37 050.00	6%	2 223.00	
合　计					¥37 050.00		¥2 223.00	
价税合计（大写）	⊗叁万玖仟贰佰柒拾叁元整				（小写）¥39 273.00			
销售方	名称：光明市阳明广告公司 纳税人识别号：91310206318853206A 地址、电话：光明市奉化街20号 78029160 开户行及账号：工商银行奉化街办事处 246790025				备注			

收款人：赵发才　　复核：　　开票人：常有礼　　销售方（章）

第三联　发票联　购买方记账凭证

（印章：光明市阳明广告公司 91310206318853206A 发票专用章）

业务 6-4-3

光明增值税专用发票

No 15453864

3102184130　　　　开票日期：2×18年12月4日

（抵扣联）

购买方	名称：光明市永春机械公司 纳税人识别号：91310040213456070M 地址、电话：光明市建设路68号 98706543 开户行及账号：工商银行光明市支行 230045006				密码区	（略）		
货物或应税劳务、服务名称	规格型号	单位	数量	单价	金额	税率	税额	
广告费		㎡	247	150.00	37 050.00	6%	2 223.00	
合　计					¥37 050.00		¥2 223.00	
价税合计（大写）	⊗叁万玖仟贰佰柒拾叁元整				（小写）¥39 273.00			
销售方	名称：光明市阳明广告公司 纳税人识别号：91310206318853206A 地址、电话：光明市奉化街20号 78029160 开户行及账号：工商银行奉化街办事处 246790025				备注			

收款人：赵发才　　复核：　　开票人：常有礼　　销售方（章）

第二联　抵扣联　购买方扣税凭证

（印章：光明市阳明广告公司 91310206318853206A 发票专用章）

业务 6-4-4

ICBC 中国工商银行 转账支票存根

支票号码 18203131

附加信息

出票日期：2×18年12月4日

收款人：光明市阳明广告公司

金　额：39 273.00

用　途：支付广告费

单位主管：李永春　　会计：高桂格

业务 7-2-1

光明市永春机械公司 报账（付款）审批单

部门：财务科

2×18年12月7日

经手人	甄紫曦	事由	支付到期商业承兑汇票款
项目名称	金额（元）	付款（结算）方式	备注
应付票据	64 000.00	委托收款（付款通知）	
合　计	64 000.00		
单位负责人审批	财务主管	部门领导	出纳员
同意。李永春	同意。钱一凡		张理财

附单据 1 张

业务 7-2-2

ICBC 中国工商银行 托收凭证（付款通知） 5

委托日期 2×18年12月4日　　付款期限 2×18年12月7日

业务类型	委托收款（☑邮划、□电划）　托收承付（□邮划、□电划）					
付款人 全称	光明市永春机械公司		收款人 全称	广州市秋林机械公司		
付款人 账号	230045006		收款人 账号	382246790		
付款人 地址	省光明市	开户行：工行光支	收款人 地址	广东省广州市	开户行：工行天安	
金额 人民币（大写）	陆万肆仟元整			千百十万千百十元角分：¥6400000		
款项内容	货款	托收凭据名称	商业承兑汇票	附寄单证张数	1	
商品发运情况		合同名称号码				

备注：该商业承兑汇票到期日为2×18年12月7日

复核　　记账

付款人开户银行签章（中国工商银行光明市支行 2X18年12月07日 转讫）

2×18年12月7日

付款人注意：
1. 根据支付结算办法，上列委托收款（托收承付）款项在付款期限内未提出拒付，即视为同意付款，以此代付款通知。
2. 如需提出全部或部分拒付，应在规定期限内，将拒付理由书并附债务证明退交开户银行。

此联为付款人开户银行给付款人的按期付款通知

业务8

ICBC 中国工商银行　托收凭证（收账通知）　4

委托日期2×18年12月4日　　付款期限2×18年12月7日

业务类型	委托收款（□邮划、☑电划）　托收承付（□邮划、□电划）						
付款人	全称	兰州市明远机械公司		收款人	全称	光明市永春机械公司	
	账号	680586004			账号	230045006	
	地址	甘肃省兰州市/县	开户行：工行兰分		地址	省光明市/县	开户行：工行光支
金额	人民币（大写）贰拾肆万元整				亿千百十万千百十元角分	¥24000000	
款项内容	货款	托收凭据名称	商业承兑汇票		附寄单证张数	1	
商品发运情况				合同名称号码			
备注：该商业承兑汇票到期日为2×18年12月7日 复核　　记账				上列款项已划回收入你方账户内。 收款人开户银行签章 2×18年12月7日			

（印章：中国工商银行光明市支行 2×18年12月07日 转讫）

此联付款人开户行凭以汇款或收款人开户行作收账通知

业务9-3-1

光明市永春机械公司　报账（付款）审批单

部门：财务科　　2×18年12月7日

经手人	甄紫曦	事由	发放工资
项目名称	金额（元）	付款（结算）方式	备注
应付职工薪酬	98 000.00	银行转账	上月实发工资为98 000元，直接转入职工个人银行卡
合计	98 000.00		
单位负责人审批	财务主管	部门领导	出纳员
同意。李永春	同意。钱一凡		张理财

附单据2张

业务9-3-2

ICBC 中国工商银行　电子转账凭证

币种：人民币　　委托日期2×18年12月7日　　凭证编号：00278561

付款人	全称	光明市永春机械公司	收款人	全称	批量代付
	账号	230045006		账号	230045006
	汇出地点	光明市		地址	光明市
汇出行名称		中国工商银行光明市支行	汇入行名称		中国工商银行光明市支行
金额	人民币（大写）玖万捌仟元整		亿千百十万千百十元角分		¥9800000
附加信息及用途	发放职工工资		支付密码		
银行盖章			根据中国工商银行光明市永春机械公司客户120930号电子命令，上述款项已由本行支付。 客户经办人：1562　复核：　记账：		

（印章：中国工商银行光明市支行 2×18年12月07日 转讫）

第一联 客户回单

业务 9-3-3

特色业务中国工商银行批量代付成功清单

机构代码：91310040213456070M　　机构名称：工商银行光明市支行　　入账日期：2×18年12月7日

客户账号	姓　名	金　额
6220241000051603341	（略）	（略）
6220241000051603342	（略）	（略）
6220241000051603343	（略）	（略）
6220241000051603344	（略）	（略）
6220241000051603345	（略）	（略）
（以下略）	（略）	（略）
合　计		98 000.00

（印章：中国工商银行光明市支行 2×18年12月07日 转讫）

业务 10-4-1

光明市永春机械公司　报账（付款）审批单

部门：办公室　　2×18年12月10日

经手人	焦吉华	事由	缴纳有关税费
项目名称	金额（元）	付款（结算）方式	备注
应缴税费	80 620.00	转账支票	
合　计	80 620.00		
单位负责人审批	财务主管	部门领导	出纳员
同意。 李永春	同意。 钱一凡	同意。 赵婉茹	张理财

附单据3张

业务 10-4-2

中华人民共和国
税收通用缴款书

（2×18）50570525
光税缴

注册类型：有限责任公司　　填发日期：2×18年12月10日　　征收机关：光明市税务分局

缴款单位（人）			预算科目		
	代　码	91310040213456070M		编　码	
	全　称	光明市永春机械公司		名　称	增值税
	开户银行	工商银行光明市支行		级　次	中央50%　地方50%
	账　号	230045006	收款国库		光明市中心支库
税款所属时期		2×18年11月16日—30日	税款限缴日期		2×18年12月10日

品目名称	课税数量	计税金额或销售收入	税率或单位税额	已缴或扣除额	千	百	十	万	千	百	十	元	角	分
增值税			16%					3	0	0	0	0	0	0
金额合计	人民币（大写）叁万元整						¥	3	0	0	0	0	0	0

缴款单位（人）（盖章） 经办人（章）	税务机关（盖章） 填票人（章）	上列款项已收妥并划转收款单位账户 国库（银行）盖章 年 月 日	备　注

（印章：光明市永春机械公司财务专用章；李永春印；光明市税务分局征税专用章；中国工商银行光明市支行 2×18年12月10日 转讫）

第一联（收据）国库（银行）收款盖章后退缴款单位（人）作完税凭证

逾期不缴按税法规定加收滞纳金

业务10-4-3

中华人民共和国
税收通用缴款书

(2×18) 303 70323
光税缴

注册类型：有限责任公司　　填发日期：2×18年12月10日　　征收机关：光明市税务分局

缴款单位（人） 代码	91310040213456070M	预算科目	编码	
全称	光明市永春机械公司		名称	
开户银行	工商银行光明市支行		级次	
账号	230045006	收款国库		光明市中心支库
税款所属时期	2×18年11月1日—30日	税款限缴日期		2×18年12月10日

品目名称	课税数量	计税金额或销售收入	税率或单位税额	已缴或扣除额	实缴金额 千	百	十	万	千	百	十	元	角	分
企业所得税		160 000	25%					4	0	0	0	0	0	0
城市维护建设税		60 000	7%						4	2	0	0	0	0
教育费附加		60 000	3%						1	8	0	0	0	0
金额合计	人民币（大写）肆万陆仟元整						¥	4	6	0	0	0	0	0

缴款单位（人）（盖章） 经办人（章）	税务机关（盖章） 填票人（章）	上列款项已收妥并划转收款单位账户 国库（银行）盖章 年 月 日	备注

逾期不缴按税法规定加收滞纳金

第一联（收据）国库（银行）收款盖章后退缴款单位（人）作完税凭证

中国工商银行光明市支行 2×18年12月10日 转讫

业务10-4-4

中华人民共和国
税收通用缴款书

(2×18) 303 70324
光税缴

注册类型：有限责任公司　　填发日期：2×18年12月10日　　征收机关：光明市税务分局

缴款单位（人） 代码	91310040213456070M	预算科目	编码	
全称	光明市永春机械公司		名称	
开户银行	工商银行光明市支行		级次	
账号	230045006	收款国库		光明市中心支库
税款所属时期	2×18年10月1日至12月31日	税款限缴日期		2×18年12月10日

品目名称	课税数量	计税金额或销售收入	税率或单位税额	已缴或扣除额	实缴金额 千	百	十	万	千	百	十	元	角	分
房产税		1 540 000	1.2%	13 860					4	6	2	0	0	0
金额合计	人民币（大写）肆仟陆佰贰拾元整							¥	4	6	2	0	0	0

缴款单位（人）（盖章） 经办人（章）	税务机关（盖章） 填票人（章）	上列款项已收妥并划转收款单位账户 国库（银行）盖章 年 月 日	备注

逾期不缴按税法规定加收滞纳金

第一联（收据）国库（银行）收款盖章后退缴款单位（人）作完税凭证

中国工商银行光明市支行 2×18年12月10日 转讫

业务 11

光明市永春机械公司　产品入库单

仓库：成品库

交库单位：生产车间　　2×18年12月10日　　编号：301

产品编号	规格	产品名称	计量单位	数量		单位成本	总成本	备注
				送检	实收			
（略）	（略）	A产品	台	40	40			完工入库
		B产品	台	50	50			

二 财务联

车间主管：高安全　　保管员：甄仔细　　记账：高桂格　　制单：严尧秋

业务 12-4-1

光明市永春机械公司　报账（付款）审批单

部门：供销科　　2×18年12月10日

经手人	鲍巩英	事由	购料冲销预付货款
项目名称	金额（元）	付款（结算）方式	备注
材料采购	87 000.00	预付账款	上月已预付货款87 000元，与实际结算金额相等
合　计	87 000.00		
单位负责人审批	财务主管	部门领导	出纳员
同意。李永春	同意。钱一凡	同意。卜发愁	张理财

附单据 2 张

业务 12-4-2

湖北增值税专用发票

全国统一发票监制章 湖北省 国家税务总局监制

发票联

4202184130　　№ 15452132

开票日期：2×18年12月10日

购买方	名称：光明市永春机械公司 纳税人识别号：91310040213456070M 地址、电话：光明市建设路68号 98706543 开户行及账号：工商银行光明市支行 230045006					密码区	（略）	
货物或应税劳务、服务名称	规格型号	单位	数量	单价	金额	税率	税额	
甲材料		千克	500	102.00	51 000.00	16%	8 160.00	
丙材料		千克	300	80.00	24 000.00	16%	3 840.00	
合　计					¥75 000.00		¥12 000.00	
价税合计（大写）	⊗捌万柒仟元整				（小写）¥87 000.00			
销售方	名称：武汉市远程机械公司 纳税人识别号：91420106316454856A 地址、电话：武汉市三环路136号 45608942 开户行及账号：工商银行三环路办事处 382246790					备注		

冲销预付账款

武汉市远程机械公司 91420106316454856A 发票专用章

第三联 发票联 购买方记账凭证

收款人：黄锦溪　　复核：　　开票人：孙大光　　销售方（章）

业务 12-4-3

湖北增值税专用发票

抵扣联

4202184130　　No 15452132

开票日期：2×18年12月10日

购买方	名　　称：光明市永春机械公司 纳税人识别号：91310040213456070M 地 址、电 话：光明市建设路68号 98706543 开户行及账号：工商银行光明市支行 230045006			密码区	（略）		
货物或应税劳务、服务名称	规格型号	单位	数 量	单 价	金 额	税率	税 额
甲材料		千克	500	102.00	51 000.00	16%	8 160.00
丙材料		千克	300	80.00	24 000.00	16%	3 840.00
合 计					¥75 000.00		¥12 000.00
价税合计（大写）	⊗捌万柒仟元整				（小写）¥87 000.00		
销售方	名　　称：武汉市远程机械公司 纳税人识别号：91420106316454856A 地 址、电 话：武汉市三环路136号 45608942 开户行及账号：工商银行三环路办事处 382246790			备注			

收款人：黄锦溪　　复核：　　开票人：孙大光　　销售方（章）

第二联 抵扣联 购买方扣税凭证

（印章：全国统一发票监制章 湖北省 国家税务总局监制）

（印章：武汉市远程机械公司 91420106316454856A 发票专用章）

业务 12-4-4

光明市永春机械公司　收料单

编号：102

供货单位：武汉市远程机械公司　　2×18年12月10日　　仓库：原料库

材料类别	材料编号	名称及规格	计量单位	数量		实际成本（元）			
				应收	实收	发票价格	采购费用	合计	单价
（略）	（略）	甲材料	千克	500	500	51 000		51 000	102.00
		丙材料	千克	300	300	24 000		24 000	80.00
合 计						75 000		75 000	

二 财务联

供销主管：卜发愁　　保管员：特认真　　记账：高桂格　　制单：艾志丹

业务 13-3-1

光明市永春机械公司　报账（付款）审批单

部门：供销科　　2×18年12月13日

经手人	鲍巩英	事由	销售产品，冲销预收账款
项目名称	金额（元）	付款（结算）方式	备注
产品销售	290 000.00	预收账款	上月已预收290 000元，与实际结算金额相等
合 计	290 000.00		
单位负责人审批	财务主管	部门领导	出纳员
同意。 李永春	同意。 钱一凡	同意。 卜发愁	张理财

附单据 1 张

业务提示

业务 13-3-2

光明市永春机械公司　产品出库单

购买方：太原市通宝机械公司　　2×18年12月13日　　仓库：成品库　编号：402

产品编号	规格	产品名称	计量单位	数量		单位成本	金额	备注
				应发	实发			
（略）	（略）	A产品	台	25	25			预收账款方式销售
		B产品	台	25	25			

二 财务联

供销主管：卜发愁　保管员：甄仔细　记账：高桂格　制单：严尧秋

业务 13-3-3

光明增值税专用发票

№ 15452153

3102184130　此联不作报销、扣税凭证使用　开票日期：2×18年12月13日

购买方	名称：太原市通宝机械公司 纳税人识别号：91140120314954649A 地址、电话：太原市东方路72号 7247631 开户行及账号：工商银行太原市分行 28050004			密码区	（略）		
货物或应税劳务、服务名称	规格型号	单位	数量	单价	金额	税率	税额
A产品		台	25	6 000.00	150 000.00	16%	24 000.00
B产品		台	25	4 000.00	100 000.00	16%	16 000.00
合计					￥250 000.00		￥40 000.00
价税合计（大写）	⊗贰拾玖万元整				（小写）￥290 000.00		
销售方	名称：光明市永春机械公司 纳税人识别号：91310040213456070M 地址、电话：光明市建设路68号 98706543 开户行及账号：工商银行光明市支行 230045006			备注			

第一联 记账联 销售方记账凭证

收款人：王进勇　复核：　开票人：刘富民　销售方（章）

冲销预收账款

光明市永春机械公司 91310040213456070M 发票专用章

业务 14-2-1

光明市永春机械公司　报账（付款）审批单

部门：财务科　　2×18年12月13日

经手人	甄紫曦	事由	偿还前欠鸿运机械公司货款
项目名称	金额（元）	付款（结算）方式	备注
应付账款	195 000.00	转账支票	
合　计	195 000.00		
单位负责人审批	财务主管	部门领导	出纳员
同意。李永春	同意。钱一凡		张理财

附单据1张

业务14-2-2

ICBC 中国工商银行 转账支票存根

支票号码 18203132

附加信息

出票日期：2×18年12月13日

收款人：	光明市鸿运机械公司
金 额：	195 000.00
用 途：	偿还前欠货款

单位主管：李永春　　会计：高桂格

业务15-3-1

光明市永春机械公司 报账（付款）审批单

部门：办公室　　2×18年12月13日

经手人	焦吉华	事由	支付职工体检费
项目名称	金额（元）	付款（结算）方式	备注
应付职工薪酬	15 900.00	转账支票	
合 计	15 900.00		
单位负责人审批	财务主管	部门领导	出纳员
同意。李永春	同意。钱一凡	同意。赵婉茹	张理财

附单据2张

业务15-3-2

光明增值税普通发票

3102184130　　№ 15452062

开票日期：2×18年12月13日

购买方	名称：光明市永春机械公司 纳税人识别号：91310040213456070M 地址、电话：光明市建设路68号 98706543 开户行及账号：工商银行光明市支行 230045006				密码区	（略）		
货物或应税劳务、服务名称	规格型号	单位	数量	单价	金额	税率	税额	
体检费		人/次	50	300.00	15 000.00	6%	900.00	
合 计					¥15 000.00		¥900.00	
价税合计（大写）	⊗壹万伍仟玖佰元整					（小写）¥15 900.00		
销售方	名称：光明市人民医院 纳税人识别号：91310020124806007E 地址、电话：光明市平安路285号 66024820 开户行及账号：建设银行光明市支行 460078926				备注			

收款人：吴定伟　　复核：　　开票人：张国华　　销售方（章）

第二联 发票联 购买方记账凭证

业务 15-3-3

ICBC 中国工商银行 转账支票存根

支票号码 18203133

附加信息

出票日期：2×18年12月13日

收 款 人：	光明市人民医院
金　　额：	15 900.00
用　　途：	支付职工体检费

单位主管：李永春　　会计：高桂格

业务 16-6-1

光明市永春机械公司　差旅费报销单

报销日期：2×18年12月15日　　附单据 4 张

姓名			鲍巩英			出差事由	参加西安市新产品展销会					
起程日期及地点			到达日期及地点			交通工具	车船费	出差补助		住宿费		金额合计
月	日	地点	月	日	地点			天	金额	价款	税额	
12	3	光明	12	3	西安	飞机	1 420.00	5	900.00	2 000.00	120.00	4 440.00
12	7	西安	12	7	光明	火车	580.00					580.00
合计							2 000.00		900.00	2 000.00	120.00	5 020.00

实报金额	（大写）伍仟零贰拾元整　¥5 020.00	预借金额	应补金额	应退金额
		6 500.00		1 480.00

财务主管：钱一凡　　出差人：鲍巩英　　出纳：张理财

业务 16-6-2

陕西增值税专用发票

发票联

№ 15464860

6401184130　　开票日期：2×18年12月7日

购买方	名　　称：光明市永春机械公司 纳税人识别号：91310040213456070M 地 址、电 话：光明市建设路68号 98706543 开户行及账号：工商银行光明市支行 230045006
密码区	（略）

货物或应税劳务、服务名称	规格型号	单位	数量	单价	金额	税率	税额
住宿费		天	4	500.00	2 000.00	6%	120.00
合　计					¥2 000.00		¥120.00
价税合计（大写）	⊗贰仟壹佰贰拾元整					（小写）	¥2 120.00

销售方	名　　称：西安市国豪大酒店 纳税人识别号：91640106301454785A 地 址、电 话：西安市外环路169号 68089093 开户行及账号：工商银行外环路办事处 380040890
备注	

第三联 发票联 购买方记账凭证

收款人：周前进　　复核：　　开票人：杨灿烂　　销售方（章）

（印章：西安市国豪大酒店 91640106301454785A 发票专用章）

业务16-6-3

陕西增值税专用发票

抵扣联

№ 15464860

6401184130

开票日期：2×18年12月7日

购买方	名　　称：光明市永春机械公司 纳税人识别号：91310040213456070M 地址、电话：光明市建设路68号 98706543 开户行及账号：工商银行光明市支行 230045006				密码区	（略）		
货物或应税劳务、服务名称	规格型号	单位	数量	单价	金额	税率	税额	
住宿费		天	4	500.00	2 000.00	6%	120.00	
合计					¥2 000.00		¥120.00	
价税合计（大写）	⊗贰仟壹佰贰拾元整					（小写）¥2 120.00		
销售方	名　　称：西安市国豪大酒店 纳税人识别号：91640106301454785A 地址、电话：西安市外环路169号 68089093 开户行及账号：工商银行外环路办事处 380040890				备注			

第二联 抵扣联 购买方扣税凭证

收款人：周前进　　复核：　　开票人：杨灿烂　　销售方（章）

（印章：西安市国豪大酒店 91640106301454785A 发票专用章）

业务16-6-4

D046474

西安 站 XiAn　D51 →　光明 站 GuangMing

2×18年12月07日10:57开　06车03A号

¥580.00元　网　二等座

限乘当日当次车

1401021978****203X 鲍巩英

买票请到12306 发货请到95306

中国铁路祝您旅途愉快

53522000130127D046474 西安售

业务16-6-5

航空运输电子客票行程单

ITINERARY/RECEIPT OF E-TICKET FOR AIR TRANSPORT

印刷序号：6505938512 3 SERIAL NUMBER:

旅客姓名 NAME OF PASSENGER	有效身份证件号码 ID NO.				签注 ENDORSEMENTS/RESTRICTIONS(CARBON)			
鲍巩英	14010219780720203X				不得签名			
	承运人 CARRIER	航班号 FLIGHT	座位等级 CLASS	日期 DATE	时间 TIME	客票级别/客票类别 FARE BASIS	客票生效日期 NOT VALID BEFORE	有效截止日期 NO TVALID AFTER	免费行李 ALLOW
自 FROM 光明	海航	HU71X7	M	12-03	08:10	M			
至 TO 西安咸阳		VCID							
至 TO VOID									
至 TO									
至 TO　CNY	票价 FARE 1 370.00		民航发展基金 CAACDEVELOPMENT FUND CN 50.00		燃油附加费 FUEL SURCHARGE YQ 0.00	其他税费 OTHER TAXES	合计 TOTAL CNY 1 420.00		
电子客票号码 E-TICKET NO. 8802132158063	验证码 CK. 9657		提示信息 INFORMATION				保险费 INSURANCE XXX		
销售单位代号 AGENT CODE GM218 8311235	填开单位 ISSUED BY 光明假日商务俱乐部有限公司					填开日期 DATE OF ISSUE 2×18-12-03			

验真网址：WWW.TRAVELSKY.COM　服务热线：400-888-888　短信验真：发送JP至106445678018

请旅客乘机前认真阅读《旅客须知》及承运人的运输总条件内容 Theimportant Notice and the general conditions of carriage must be read before travelling.

RECEIPT 付款凭证　INVALID IN HANDWRITING 手写无效

业务 16-6-6

光明市永春机械公司　内部收据

2×18年12月15日　　　　编号：2×181215

今　收　到
鲍巩英　交来　出差借款剩余款
人民币（大写）壹仟肆佰捌拾元整　　¥：1 480.00
备注：

（现金收讫）

第二联　记账联

记账：高桂格　　出纳：张理财　　制单：艾志丹

业务 17-3-1

光明市永春机械公司　报账（付款）审批单

部门：办公室　　2×18年12月15日

经手人	焦吉华	事由	红十字会抗洪救灾捐款
项目名称	金额（元）	付款（结算）方式	备注
公益救济性捐赠	53 000.00	转账支票	
合　计	53 000.00		
单位负责人审批	财务主管	部门领导	出纳员
同意。李永春	同意。钱一凡	同意。赵婉茹	张理财

附单据 2 张

业务提示

业务 17-3-2

光明市行政事业单位收款收据

（光明市 收据联 财政部监制）

收据代码 31000002
收据号码 34502800

单位或个人名称：光明市永春机械公司　　2×18年12月15日

项　目	单　位	数　量	收费标准	百	十	万	千	百	十	元	角	分	备　注
抗洪救灾捐款						5	3	0	0	0	0	0	
合计金额：人民币（大写）伍万叁仟元整					¥	5	3	0	0	0	0	0	

（光明市红十字会 91310010987667375A 发票专用章）

②收据联

业务 17-3-3

ICBC 中国工商银行 转账支票存根

支票号码 18203134

附加信息

出票日期：2×18年12月15日

收款人：	光明市红十字会
金额：	53 000.00
用途：	捐赠抗洪救灾

单位主管：李永春　　会计：高桂格

实操二　12月16—31日日常会计交易或事项的原始凭证及账务处理提示

业务 18-8-1

光明市永春机械公司 报账（付款）审批单

部门：供销科　　2×18年12月16日

经手人	鲍巩英	事由	购材料签发商业承兑汇票
项目名称	金额（元）	付款（结算）方式	备注
材料采购	93 778.00	商业承兑汇票	对方代垫运费
合　计	93 778.00		
单位负责人审批	财务主管	部门领导	出纳员
同意。李永春	同意。钱一凡	同意。卜发愁	张理财

附单据 5 张

业务 18-8-2

广东增值税专用发票

No 15452172

5101189130

开票日期：2×18年12月13日

发票联

购买方	名称：光明市永春机械公司 纳税人识别号：91310040213456070M 地址、电话：光明市建设路68号 98706543 开户行及账号：工商银行光明市支行 230045006	密码区	（略）				
货物或应税劳务、服务名称	规格型号	单位	数量	单价	金额	税率	税额
甲材料		千克	500	102.00	51 000.00	16%	8 160.00
乙材料		千克	600	48.00	28 800.00	16%	4 608.00
合　计					¥79 800.00		¥12 768.00
价税合计（大写）	⊗玖万贰仟伍佰陆拾捌元整				（小写）¥92 568.00		
销售方	名称：广州市秋林机械公司 纳税人识别号：91510206316453201A 地址、电话：广州市天明路36号 56089420 开户行及账号：工商银行天明路办事处 382246790	备注					

收款人：黄来才　　复核：　　开票人：刘大科　　销售方（章）

第三联 发票联 购买方记账凭证

商业承兑汇票

业务18-8-3

广东增值税专用发票

抵扣联

№ 15452172

5101189130

开票日期：2×18年12月13日

购买方	名称：光明市永春机械公司 纳税人识别号：91310040213456070M 地址、电话：光明市建设路68号 98706543 开户行及账号：工商银行光明市支行 230045006				密码区	（略）		
货物或应税劳务、服务名称	规格型号	单位	数量	单价	金额	税率	税额	
甲材料		千克	500	102.00	51 000.00	16%	8 160.00	
乙材料		千克	600	48.00	28 800.00	16%	4 608.00	
合计					¥79 800.00		¥12 768.00	
价税合计（大写）	⊗玖万贰仟伍佰陆拾捌元整					（小写）¥92 568.00		
销售方	名称：广州市秋林机械公司 纳税人识别号：91510206316453201A 地址、电话：广州市天明路36号 56089420 开户行及账号：工商银行天明路办事处 382246790				备注			

第二联 抵扣联 购买方扣税凭证

收款人：黄来才　　复核：　　开票人：刘大科　　销售方（章）

业务18-8-4

广东增值税专用发票

发票联

№ 15456869

5102184130

开票日期：2×18年12月13日

购买方	名称：光明市永春机械公司 纳税人识别号：91310040213456070M 地址、电话：光明市建设路68号 98706543 开户行及账号：工商银行光明市支行 230045006				密码区	（略）		
货物或应税劳务、服务名称	规格型号	单位	数量	单价	金额	税率	税额	
运费		吨公里	1 100	1.00	1 100.00	10%	110.00	
合计					¥1 100.00		¥110.00	
价税合计（大写）	⊗壹仟壹佰壹拾元整					（小写）¥1 210.00		
销售方	名称：广州市顺风物流公司 纳税人识别号：91510206382224857A 地址、电话：广州市天明路185号 69024662 开户行及账号：工商银行天明路办事处 382200798				备注	起运地：广州市；到达地：光明市；车种车号：粤A38650；载重：5吨；承运货物：铁制件；重量：1.1吨。		

第三联 发票联 购买方记账凭证

收款人：赵广华　　复核：　　开票人：刘财富　　销售方（章）

业务18-8-5

广东增值税专用发票

抵扣联

№ 15456869

5102184130

开票日期：2×18年12月13日

购买方	名称：光明市永春机械公司 纳税人识别号：91310040213456070M 地址、电话：光明市建设路68号 98706543 开户行及账号：工商银行光明市支行 230045006				密码区	（略）		
货物或应税劳务、服务名称	规格型号	单位	数量	单价	金额	税率	税额	
运费		吨公里	1 100	1.00	1 100.00	10%	110.00	
合计					¥1 100.00		¥110.00	
价税合计（大写）	⊗壹仟贰佰壹拾元整					（小写）¥1 210.00		
销售方	名称：广州市顺风物流公司 纳税人识别号：91510206382224857A 地址、电话：广州市天明路185号 69024662 开户行及账号：工商银行天明路办事处 382200798				备注	起运地：广州市；到达地：光明市；车种车号：粤A38650；载重：5吨；承运货物：铁制件；重量：1.1吨。		

第二联 抵扣联 购买方扣税凭证

收款人：赵广华　　复核：　　开票人：刘财富　　销售方（章）

业务 18-8-6

材料采购费用分配表

2018年12月16日

金额单位：元

材料名称	计量单位	分配标准（材料重量）	分配率	分配金额
甲材料	千克	500	1.00	500.00
乙材料	千克	600	1.00	600.00
合 计		1 100		1 100.00

会计主管：钱一凡　　制单：刘景明　　复核：高桂格

业务 18-8-7

光明市永春机械公司 收料单

编号：103

供货单位：广州市秋林机械公司　　2×18年12月16日　　仓库：原料库

材料类别	材料编号	名称及规格	计量单位	数量		实际成本（元）			
				应收	实收	发票价格	采购费用	合计	单价
（略）	（略）	甲材料	千克	500	500	51 000	500	51 500	103.00
		乙材料	千克	600	600	28 800	600	29 400	49.00
合 计						79 800	1 100	80 900	

二 财务联

供销主管：卜发愁　　保管员：特认真　　记账：高桂格　　制单：艾志丹

业务 18-8-8

商业承兑汇票（卡片）　　1

出票日期（大写）：贰×壹捌年壹拾贰月壹拾陆日

00800386

付款人			收款人		
付款人	全称	光明市永春机械公司	收款人	全称	广州市秋林机械公司
	账号	230045006		账号	382246790
	开户银行	工商银行光明市支行		开户银行	工商银行天明路办事处
出票金额	人民币（大写）	玖万叁仟柒佰柒拾捌元整		亿千百十万千百十元角分	¥9377800
汇票到期日（大写）	贰×壹玖年零陆月壹拾陆日		付款人开户行	行号	105603000606
交易合同号码				地址	光明市建设路180号
	出票人签章		备注：		

此联由承兑人存查

业务 19-2-1

光明市永春机械公司 报账（付款）审批单

部门：财务科

2×18年12月16日

经手人	甄紫曦	事由	缴纳增值税
项目名称	金额（元）	付款（结算）方式	备注
缴纳增值税	43 297.00	银行转账	
合　计	43 297.00		
单位负责人审批	财务主管	部门领导	出纳员
同意。 李永春	同意。 钱一凡		张理财

附单据 1 张

业务 19-2-2

ICBC 中国工商银行 电子缴税付款凭证

委托日期 2×18年12月16日　　凭证字号：02567256

纳税人全称及纳税人识别号：光明市永春机械公司 91310040213456070M

付款人全称：光明市永春机械公司

付款人账号：230045006　　征收机关名称：光明市国家税务局第三分局

付款人开户银行：工商银行光明市支行　　收款国库(银行)名称：国家金库光明市支库

小写(合计)金额：¥43 297.00　　缴款书交易流水号：9131136512M

大写(合计)金额：人民币肆万叁仟贰佰玖拾柒元整　　税票号码：127159191070216812

中国工商银行光明市支行 2×18年12月16日 转讫

税费种名称	所属时期	实缴金额
增值税	2×18-12-01—2×18-12-15	¥43 297.00
第一次打印	打印时间：2×18-12-16	

第二联　作付款回单　　复核：李鼎旺　　记账：药景明

业务 20-3-1

光明增值税专用发票

№ 15452154

3102184130　　此联不作报销、扣税凭证使用　　开票日期：2×18年12月18日

购买方	名　　称：兰州市明远机械公司 纳税人识别号：91620120314956840A 地 址、电 话：兰州市新建路72号 3967001 开户行及账号：工商银行兰州市分行 680586004	密码区	（略）				
货物或应税劳务、服务名称	规格型号	单位	数量	单价	金额	税率	税额
A产品		台	20	6 000.00	120 000.00	16%	19 200.00
B产品		台	25	4 000.00	100 000.00	16%	16 000.00
合　计					¥220 000.00		¥35 200.00
价税合计（大写）	⊗贰拾伍万伍仟贰佰元整				（小写）¥255 200.00		
销售方	名　　称：光明市永春机械公司 纳税人识别号：91310040213456070M 地 址、电 话：光明市建设路68号 98706543 开户行及账号：工商银行光明市支行 230045006	备注	收到对方签发的商业承兑汇票。				

第一联 记账联 销售方记账凭证

光明市永春机械公司 91310040213456070M 发票专用章

收款人：王进勇　　复核：　　开票人：刘富民　　销售方（章）

业务20-3-2

光明市永春机械公司 产品出库单

仓库：成品库

购买方：呈州市明远机械公司　　2×18年12月18日　　编号：403

产品编号	规格	产品名称	计量单位	数量		单位成本	金额	备注
				应发	实发			
（略）	（略）	A产品	台	20	20			对方自提货物
		B产品	台	25	25			

二 财务联

供销主管：卜发愁　保管员：甄仔细　记账：高桂格　制单：严尧秋

业务20-3-3

商业承兑汇票 2

出票日期（大写）：贰×壹捌年壹拾贰月壹拾捌日　　00800394

付款人	全称	呈州市明远机械公司	收款人	全称	光明市永春机械公司
	账号	680586004		账号	230045006
	开户行	工商银行呈州市分行		开户行	工商银行光明市支行
出票金额	人民币（大写）	贰拾伍万伍仟贰佰元整		亿千百十万千百十元角分	¥25520000
汇票到期日（大写）	贰×壹玖年零肆月壹拾捌日		付款人开户行	行号	380011486
交易合同号码				地址	呈州市明星路388号

本汇票已经承兑，到期无条件付款。

张远明印

承兑人签章

承兑日期：2×18年12月18日

本汇票请予以承兑，并于到期日付款。

出票人签章

此联持票人开户行随托收凭证寄付款人开户行作借方凭证附件

（印章：呈州市明远机械公司 财务专用章）

（印章：复印件与原件核对一致）

业务21-3-1

光明市永春机械公司 领料单

编号：204

领料单位：生产车间　　2×18年12月18日　　仓库：原料库

材料类别	材料编号	名称及规格	计量单位	数量		单价	金额	领料用途
				请领	实发			
（略）	（略）	甲材料	千克	460	460			生产A产品
		乙材料	千克	490	490			

二 财务联

车间主管：高安全　保管员：特认真　记账：高桂格　制单：艾志丹

业务21-3-2

光明市永春机械公司　领料单

领料单位：生产车间　　2×18年12月18日　　编号：205　仓库：原材料库

材料类别	材料编号	名称及规格	计量单位	数量		单价	金额	领料用途
				请领	实发			
（略）	（略）	甲材料	千克	330	330			生产B产品
		乙材料	千克	400	400			

二　财务联

车间主管：高安全　保管员：特认真　记账：高桂格　制单：艾志丹

业务21-3-3

光明市永春机械公司　领料单

领料单位：供销科　　2×18年12月18日　　编号：206　仓库：原材料库

材料类别	材料编号	名称及规格	计量单位	数量		单价	金额	领料用途
				请领	实发			
（略）	（略）	丙材料	千克	230	230			产品销售包装

二　财务联

车间主管：高安全　保管员：特认真　记账：高桂格　制单：艾志丹

业务22

ICBC 中国工商银行　电汇凭证（收账通知）　4

☑普通　□加急　　委托日期2×18年12月18日

汇款人			收款人		
	全称	太原市通宝机械公司		全称	光明市永春机械公司
	账号	280500004		账号	230045006
	开户银行	工商银行太原市分行		开户银行	工商银行光明市支行

金额	人民币（大写）	肆万伍仟元整	亿	千	百	十	万	千	百	十	元	角	分
						¥	4	5	0	0	0	0	0

此汇款已收入收款人账户　　汇入行签章

支付密码：

附加信息及用途：
预付购货定金。

复核：　记账：

2×18年12月18日

此联为给收款人的收账通知

中国工商银行光明市支行 2×18年12月18日 转讫

业务23-5-1

光明市永春机械公司 报账（付款）审批单

部门：办公室

2×18年12月21日

经手人	焦吉华	事由	支付水费
项目名称	金额（元）	付款（结算）方式	备注
水费	2 310.00	特约托收凭证	
合 计	2 310.00		
单位负责人审批	财务主管	部门领导	出纳员
同意。 李永春	同意。 钱一凡	同意。 赵婉茹	张理财

附单据 3 张

业务23-5-2

光明增值税专用发票

[Centre stamp: 全国统一发票监制章 / 光明市 / 国家税务总局监制]

发票联

3102184130 No 15459861

开票日期：2×18年12月21日

购买方	名 称：光明市永春机械公司 纳税人识别号：91310040213456070M 地 址、电 话：光明市建设路68号 98706543 开户行及账号：工商银行光明市支行 230045006				密码区	（略）	
货物或应税劳务、服务名称	规格型号	单位	数 量	单 价	金 额	税率	税 额
水费		m³	420	5.00	2 100.00	10%	210.00
合 计					¥2 100.00		¥210.00
价税合计（大写）	⊗贰仟叁佰壹拾元整				（小写）¥2 310.00		
销售方	名 称：光明市供水公司 纳税人识别号：913106063522232ABE 地 址、电 话：光明市临港路185号 98024626 开户行及账号：工商银行临港路办事处 384567790				备注		

第三联 发票联 购买方记账凭证

收款人：吴梅花 复核： 开票人：商永康 销售方（章）

[Seller's stamp: 光明市供水公司 / 913106063522232ABE / 发票专用章]

业务23-5-3

光明增值税专用发票

[Centre stamp: 全国统一发票监制章 / 光明市 / 国家税务总局监制]

抵扣联

3102184130 No 15459861

开票日期：2×18年12月21日

购买方	名 称：光明市永春机械公司 纳税人识别号：91310040213456070M 地 址、电 话：光明市建设路68号 98706543 开户行及账号：工商银行光明市支行 230045006				密码区	（略）	
货物或应税劳务、服务名称	规格型号	单位	数 量	单 价	金 额	税率	税 额
水费		m³	420	5.00	2 100.00	10%	210.00
合 计					¥2 100.00		¥210.00
价税合计（大写）	⊗贰仟叁佰壹拾元整				（小写）¥2 310.00		
销售方	名 称：光明市供水公司 纳税人识别号：913106063522232ABE 地 址、电 话：光明市临港路185号 98024626 开户行及账号：工商银行临港路办事处 384567790				备注		

第二联 抵扣联 购买方扣税凭证

收款人：吴梅花 复核： 开票人：商永康 销售方（章）

[Seller's stamp: 光明市供水公司 / 913106063522232ABE / 发票专用章]

业务 23-5-4

ICBC 中国工商银行　同城特约托收凭证（付款通知）5

委托日期 2×18年12月21日　　流水号：002185462

付款人			收款人		
付款人	全　称	光明市永春机械公司	收款人	全　称	光明市供水公司
	账号或地址	230045006		账号或地址	384567790
	开户行	工行光支		开户行	工行临港办
委收金额	人民币（大写）	贰仟叁佰壹拾元整		亿千百十万千百十元角分	¥ 2 3 1 0 0 0
款项内容	水费	合同号		托收凭据名称	增值税专用发票　单证张数 1
备注：付款人开户银行收到日期为 2×18年12月21日　复核　记账		付款人开户银行签章　2×18年12月21日		付款人注意：1. 上列款项为“见票即付”。2. 上列款项如有误，请与收款单位协商解决。	

中国工商银行光明市支行 2×18年12月21日 转讫

此联交付款人作付款通知

业务 23-5-5

车间部门耗水量及费用计算分配表

2×18年12月21日　　金额单位：元

耗用车间及部门	耗用量（m^3）	单价	分配金额
生产车间	200	5.00	1 000.00
行政管理部门	220	5.00	1 100.00
合　计	420		2 100.00

会计主管：钱一凡　　制单：刘景明　　复核：高桂格

业务 24-5-1

光明市永春机械公司　报账（付款）审批单

部门：办公室　　2×18年12月21日

经手人	焦吉华	事由	支付电费
项目名称	金额（元）	付款（结算）方式	备注
电费	30 160.00	特约托收凭证	
合　计	30 160.00		
单位负责人审批	财务主管	部门领导	出纳员
同意。李永春	同意。钱一凡	同意。赵婉茹	张理财

附单据 3 张

业务 24-5-2

光明增值税专用发票

发票联

3102184130　　　　No 15459063

开票日期：2×18年12月21日

购买方	名　　称：光明市永春机械公司 纳税人识别号：91310040213456070M 地 址、电 话：光明市建设路68号 98706543 开户行及账号：工商银行光明市支行 230045006			密码区	（略）		
货物或应税劳务、服务名称	规格型号	单位	数　量	单　价	金　额	税率	税　额
电费		度	32 500	0.80	26 000.00	16%	4 160.00
合　计					¥26 000.00		¥4 160.00
价税合计（大写）	⊗叁万零壹佰陆拾元整				（小写）¥30 160.00		
销售方	名　　称：光明市供电公司 纳税人识别号：913105063522NAH829 地 址、电 话：光明市虹桥路285号 66024626 开户行及账号：工商银行南大办事处 230030487			备注			

第三联　发票联　购买方记账凭证

收款人：吴伟宏　　复核：　　开票人：张定国　　销售方（章）

光明市供电公司　913105063522NAH829　发票专用章

业务 24-5-3

光明增值税专用发票

抵扣联

3102184130　　　　No 15459063

开票日期：2×18年12月21日

购买方	名　　称：光明市永春机械公司 纳税人识别号：91310040213456070M 地 址、电 话：光明市建设路68号 98706543 开户行及账号：工商银行光明市支行 230045006			密码区	（略）		
货物或应税劳务、服务名称	规格型号	单位	数　量	单　价	金　额	税率	税　额
电费		度	32 500	0.80	26 000.00	16%	4 160.00
合　计					¥26 000.00		¥4 160.00
价税合计（大写）	⊗叁万零壹佰陆拾元整				（小写）¥30 160.00		
销售方	名　　称：光明市供电公司 纳税人识别号：913105063522NAH829 地 址、电 话：光明市虹桥路285号 66024626 开户行及账号：工商银行南大办事处 230030487			备注			

第二联　抵扣联　购买方扣税凭证

收款人：吴伟宏　　复核：　　开票人：张定国　　销售方（章）

光明市供电公司　913105063522NAH829　发票专用章

业务 24-5-4

ICBC 中国工商银行　同城特约托收凭证（付款通知）　5

委托日期 2×18年12月21日　　　　流水号：002185467

付款人	全　称	光明市永春机械公司	收款人	全　称	光明市供电公司
	账号或地址	230045006		账号或地址	230030487
	开户行	工行光支		开户行	工行南办
委收金额	人民币（大写）	叁万零壹佰陆拾元整		亿 千 百 十 万 千 百 十 元 角 分	¥ 3 0 1 6 0 0 0
款项内容	电费	合同号		托收凭据名称	增值税专用发票　单证张数 1
备注：付款人开户行收到日期为2×18年12月21日 复核　记账		付款人开户银行签章 2×18年12月21日		付款人注意： 1. 上列款项为"见票即付"。 2. 上列款项如有误，请与收款单位协商解决。	

此联交付款人作付款通知

中国工商银行光明市支行　2×18年12月21日　转讫

业务24-5-5

车间部门耗电量及费用计算分配表

2×18年12月21日　　　　金额单位：元

耗用车间及部门	耗用量（度）	单价	分配金额
生产车间	20 000	0.80	16 000.00
行政管理部门	12 500	0.80	10 000.00
合　计	32 500		26 000.00

会计主管：钱一凡　　制单：刘景明　　复核：高桂格

业务25-2-1

ICBC 中国工商银行　计收借款利息清单（付款通知）

委托日期2×18年12月21日　　借据号9821201228011501

客户号	3001356088	结算账号	230045006	单位名称	光明市永春机械公司		
计息类型	经营周转借款	计息起讫日期	2×18.09.21至2×18.12.20				
正常本金/积数	28 800 000.00	利率	0.7%/月	利息	6 720.00		
逾期本金/积数		利率		利息			
欠息/积数		利率		利息			
利息金额合计	人民币（大写）陆仟柒佰贰拾元整	¥6 720.00					

中国工商银行光明市支行 2×18年12月21日 转讫

客户联

银行盖章：　　复核：

业务25-2-2

ICBC 中国工商银行　计付存款利息清单（收账通知）

委托日期2×18年12月21日

客户号	3001356088	结算账号	230045006	单位名称	光明市永春机械公司		
计息类型	活期存款	计息起讫日期	2×18.09.21至2×18.12.20				
正常本金/积数	49 500 000.00	利率	0.4%/年	利息	550.00		
逾期本金/积数		利率		利息			
欠息/积数		利率		利息			
利息金额合计	人民币（大写）伍佰伍拾元整	¥550.00					

中国工商银行光明市支行 2×18年12月21日 转讫

客户联

银行盖章：　　复核：

业务 26

无法支付应付款项确认单

2×16年11月入账的应付唐山华远钢铁厂的货款7 740元，经当地工商管理部门确认，该公司已于1年前破产清算完毕。因此，该款项已无法支付，经公司董事会讨论决定，将该款项作为营业外收入处理。

情况属实，同意。 钱一凡

2×18年12月24日

财务主管：钱一凡　　制单：刘景明　　记账：高桂格

业务 27-5-1

光明市永春机械公司 报账（付款）审批单

部门：办公室　　2×18年12月24日

经手人	焦吉华	事由	结算2号生产线安装费
项目名称	金额（元）	付款（结算）方式	备注
2号生产线工程	32 747.00	转账支票	
合　计	32 747.00		
单位负责人审批	财务主管	部门领导	出纳员
同意。 李永春	同意。 钱一凡	同意。 赵婉茹	张理财

附单据 3 张

业务 27-5-2

光明增值税专用发票

3102184130　　发票联　　№ 31804023

开票日期：2×18年12月24日

购买方	名　　称：光明市永春机械公司 纳税人识别号：91310040213456070M 地 址、电 话：光明市建设路68号 98706543 开户行及账号：工商银行光明市支行 230045006				密码区	（略）		
货物或应税劳务、服务名称	规格型号	单位	数　量	单　价	金　额	税率	税　额	
安装费					29 770.00	10%	2 977.00	
合　计					￥29 770.00		￥2 977.00	
价税合计（大写）	⊗叁万贰仟柒佰肆拾柒元整				（小写）￥32 747.00			
销售方	名　　称：光明市晋源安装公司 纳税人识别号：91310112784788931A 地 址、电 话：光明市新建路108号 98569627 开户行及账号：工商银行光明市支行 230051792				备注			

第三联 发票联 购买方记账凭证

收款人：尚高欢　　复核：　　开票人：张福康　　销售方（章）

（印章：全国统一发票监制章 光明市 国家税务总局监制；光明市晋源安装公司 91310112784788931A 发票专用章）

业务 27-5-3

光明增值税专用发票

抵扣联

3102184130　　　　№ 31804023

开票日期：2×18年12月24日

购买方	名　　称：光明市永春机械公司 纳税人识别号：91310040213456070M 地 址、电 话：光明市建设路68号 98706543 开户行及账号：工商银行光明市支行 230045006				密码区	（略）		
货物或应税劳务、服务名称	规格型号	单位	数　量	单　价	金　额	税率	税　额	
安装费					29 770.00	10%	2 977.00	
合　计					￥29 770.00		￥2 977.00	
价税合计（大写）	⊗叁万贰仟柒佰肆拾柒元整				（小写）￥32 747.00			
销售方	名　　称：光明市晋源安装公司 纳税人识别号：91310112784788931A 地 址、电 话：光明市新建路108号 98569627 开户行及账号：工商银行光明市支行 230051792				备注			

收款人：尚高欢　　复核：　　开票人：张福康　　销售方（章）

第二联 抵扣联 购买方扣税凭证

业务 27-5-4

ICBC 中国工商银行 转账支票存根

支票号码 18203135

附加信息

出票日期：2×18年12月24日

收 款 人：	光明市晋源安装公司
金　　额：	32 747.00
用　　途：	支付安装费

单位主管：李永春　　会计：高桂格

业务 27-5-5

固定资产交接（验收）单

2×18年12月24日　　金额单位：元

编号	名称	规格	型号	计量单位	数量	建造单位		备注
0512	2号生产线		BN69型	台	2	西安市重型机械厂		
总价	买价	安装费	运杂费	包装费	其他	原值	预计年限	净残值率
	600 000	29 770			100 000	729 770	10年	5%
用途	生产用		使用部门		生产车间		已提折旧	
验收意见		合格，交付使用			验收人签章		陆新华	

财务主管：钱一凡　　制单：刘景明　　复核：高桂格

业务28

光明市永春机械公司　产品入库单

仓库：成品库

交库单位：生产车间　　2×18年12月24日　　编号：302

产品编号	规格	产品名称	计量单位	数量		单位成本	总成本	备　注
				送检	实收			
（略）	（略）	A产品	台	40	40			完工入库
		B产品	台	50	50			

二 财务联

车间主管：高安全　保管员：甄仔细　记账：高桂格　制单：严尧秋

业务29-4-1

光明市永春机械公司　报账（付款）审批单

部门：供销科　　2×18年12月27日

经手人	鲍巩英	事由	赊购鸿运公司材料
项目名称	金额（元）	付款（结算）方式	备注
材料采购	51 272.00	转账支票	
合　计	51 272.00		
单位负责人审批	财务主管	部门领导	出纳员
同意。李永春	同意。钱一凡	同意。赵婉茹	张理财

附单据2张

业务29-4-2

光明增值税专用发票

No 15456860

3102184130　　开票日期：2×18年12月27日

（印章：光明市 发票联 国家税务总局监制）

购买方	名　称：光明市永春机械公司 纳税人识别号：91310040213456070M 地址、电话：光明市建设路68号 98706543 开户行及账号：工商银行光明市支行 230045006			密码区	（略）		
货物或应税劳务、服务名称	规格型号	单位	数量	单价	金额	税率	税额
乙材料		千克	400	49.00	19 600.00	16%	3 136.00
丙材料		千克	300	82.00	24 600.00	16%	3 936.00
合　计					¥44 200.00		¥7 072.00
价税合计（大写）	⊗伍万壹仟贰佰柒拾贰元整				（小写）¥51 272.00		
销售方	名　称：光明市鸿运机械公司 纳税人识别号：91310206315553200A 地址、电话：光明市桥头街85号 78024662 开户行及账号：工商银行桥头街办事处 232200796			备注	与对方商妥，货款于下月支付。		

（印章：货款未付）

（印章：光明市鸿运机械公司 91310206315553200A 发票专用章）

第三联 发票联 购买方记账凭证

收款人：赵发光　复核：　开票人：李有财　销售方（章）

业务 29-4-3

光明增值税专用发票

No 15456860

3102184130　　抵扣联　　开票日期：2×18年12月27日

购买方	名　　称：光明市永春机械公司 纳税人识别号：91310040213456070M 地 址、电 话：光明市建设路68号 98706543 开户行及账号：工商银行光明市支行 230045006			密码区	（略）		
货物或应税劳务、服务名称	规格型号	单位	数　量	单　价	金　额	税率	税　额
乙材料		千克	400	49.00	19 600.00	16%	3 136.00
丙材料		千克	300	82.00	24 600.00	16%	3 936.00
合　计					¥44 200.00		¥7 072.00
价税合计（大写）	⊗伍万壹仟贰佰柒拾贰元整				（小写）¥51 272.00		
销售方	名　　称：光明市鸿运机械公司 纳税人识别号：91310206315553200A 地 址、电 话：光明市桥头街85号 78024662 开户行及账号：工商银行桥头街办事处 232200796			备注	与对方商妥，货款于下月支付。		

收款人：赵发光　　复核：　　开票人：李有财　　销售方（章）

第二联　抵扣联　购买方扣税凭证

业务 29-4-4

光明市永春机械公司　收料单

编号：104

供货单位：光明市鸿运机械公司　　2×18年12月27日　　仓库：原材库

材料类别	材料编号	名称及规格	计量单位	数量		实际成本（元）			
				应收	实收	发票价格	采购费用	合计	单价
（略）	（略）	乙材料	千克	400	400	19 600		19 600	49.00
		丙材料	千克	300	300	24 600		24 600	82.00
合　计						44 200		44 200	

供销主管：卞发愁　　保管员：特认真　　记账：高桂格　　制单：艾志丹

二　财务联

业务 30-3-1

光明增值税专用发票

No 15452155

3102184130　　此联不作报销、扣税凭证使用　　开票日期：2×18年12月27日

购买方	名　　称：昆明市金花机械公司 纳税人识别号：91650120314953538A 地 址、电 话：昆明市航空路172号 2107466 开户行及账号：工商银行昆明市支行 280500004			密码区	（略）		
货物或应税劳务、服务名称	规格型号	单位	数　量	单　价	金　额	税率	税　额
A产品		台	25	6 000.00	150 000.00	16%	24 000.00
B产品		台	20	4 000.00	80 000.00	16%	12 800.00
合　计					¥230 000.00		¥36 800.00
价税合计（大写）	⊗贰拾陆万陆仟捌佰元整				（小写）¥266 800.00		
销售方	名　　称：光明市永春机械公司 纳税人识别号：91310040213456070M 地 址、电 话：光明市建设路68号 98706543 开户行及账号：工商银行光明市支行 230045006			备注	已经办妥银行托收手续。 合同规定货物由购买方自提。		

收款人：王进勇　　复核：　　开票人：刘富民　　销售方（章）

第一联　记账联　销售方记账凭证

业务提示

业务 30-3-2

光明市永春机械公司　产品出库单

仓库：成品库

购买方：昆明市金花机械公司　　　　2×18年12月27日　　　　编号：404

产品编号	规格	产品名称	计量单位	数量		单位成本	金　额	备　注
				应发	实发			
（略）	（略）	A产品	台	25	25			货物由对方自提
		B产品	台	20	20			

二　财务联

供销主管：卜发愁　　保管员：甄仔细　　记账：高桂格　　制单：严尧秋

业务 30-3-3

ICBC 中国工商银行　托收凭证（受理回单）　1

委托日期2×18年12月27日

业务类型		委托收款（☑邮划、□电划）　托收承付（□邮划、□电划）						
付款人	全　称	昆明市金花机械公司		收款人	全　称	光明市永春机械公司		
	账　号	280500004			账　号	230045006		
	地　址	云南省昆明市/县	开户行：工行昆支		地　址	省光明市/县	开户行：工行光支	
金额	人民币（大写）	贰拾陆万陆仟捌佰元整				亿千百十万千百十元角分	¥266 800 00	
款项内容	货款	托收凭据名称	增值税专用发票			附寄单证张数	2	
商品发运情况			合同名称号码					
备注： 复核　记账		款项收妥日期 年　月　日				收款人开户银行签章 年　月　日		

中国工商银行光明市支行 2×18年12月27日 受

此联作收款人开户银行给收款人的受理回单

业务 31-3-1

光明市永春机械公司　报账（付款）审批单

部门：供销科　　　　2×18年12月27日

经手人	鲍巩英	事由	预付购货款
项目名称	金额（元）	付款（结算）方式	备注
预付账款	40 000.00	汇兑—电汇	预付武汉市远程机械公司购货定金
合　计	40 000.00		
单位负责人审批	财务主管	部门领导	出纳员
同意。李永春	同意。钱一凡	同意。卜发愁	张理财

附单据2张

业务 31-3-2

ICBC 中国工商银行　电汇凭证　（回　单）　1

□普通　☑加急　　　委托日期 2×18年12月27日

汇款人	全　称	光明市永春机械公司	收款人	全　称	武汉市远程机械公司
	账　号	230045006		账　号	382246790
	汇出地点	省 光明 市/县		汇出地点	湖北省 武汉 市/县
	汇出行名称	工商银行光明市支行		汇入行名称	工商银行三环路办事处

金额	人民币（大写）	亿	千	百	十	万	千	百	十	元	角	分
	肆万元整				¥	4	0	0	0	0	0	0

支付密码

附加信息及用途：

预付购货款。

汇出行签章　　年　月　日

复核：　　记账：

（中国工商银行光明市支行　2×18年12月27日　转讫）

此联汇出行给汇款人的回单

业务 31-3-3

ICBC 中国工商银行　邮、电手续费收费凭证（借方凭证）①

委托日期：2×18年12月27日　　　No.2673

缴款人名称	光明市永春机械公司	信（电）汇 1 笔　汇票　笔　其他　笔
账　号	230045006	异托、委托　笔　支票　本　专用托收　笔

邮费金额					电报费金额					手续费金额					合计金额						签　章
百	十	元	角	分	百	十	元	角	分	百	十	元	角	分	千	百	十	元	角	分	中国工商银行光明市支行 2×18年12月27日 转讫
											2	0	0	0		¥	2	0	0	0	
合计金额	人民币（大写）：贰拾元整																				

复核：　　收款：王玉芳　　制单：

业务 32

ICBC 中国工商银行　现金支票存根

支票号码 18103121

附加信息

出票日期：2×18年12月30日

收 款 人：	光明市永春机械公司
金　　额：	7 000.00
用　　途：	提现备用

单位主管：李永春　　会计：高桂格

（光明市永春……财务……）

业务提示

业务 33-3-1

光明市永春机械公司 报账（付款）审批单

部门：办公室　　　　2×18年12月30日

经手人	焦吉华	事由	报销购印花税票款及支票工本费
项目名称	金额（元）	付款（结算）方式	备注
印花税票	200.00	库存现金	
银行支票	100.00	库存现金	
合　计	300.00		
单位负责人审批	财务主管	部门领导	出纳员
同意。 李永春	同意。 钱一凡	同意。 赵婉茹	张理财

附单据 2 张

现金付讫

业务提示

业务 33-3-2

ICBC 中国工商银行 收费凭单

交易时间：2×18-12-30　09:26:43

客户名称：光明市永春机械公司

缴费账号：230045006　　　　序号：

缴费方式：现金　　　　币种：人民币

实缴金额：100.00

缴费明细

序号	实缴金额	收费种类名称
1	50.00	转账支票工本费
2	50.00	现金支票工本费

交易网点：0725　　　交易柜员：d638

中国工商银行光明市支行 2×18.12.30 业务办讫(03)章

邵复月

客户交费回单

业务 33-3-3

中华人民共和国 印花税票销售凭证

(2×18) 光税印 30756441

填发日期：2×18年12月30日

购买单位	光明市永春机械公司		购买人	张理财	
购买印花税票					
面值种类	数量	金额	面值种类	数量	金额
壹角票			伍元票	7	35.00
贰角票			拾元票	1	10.00
伍角票			伍拾元票	1	50.00
壹元票	1	1.00	壹佰元票	1	100.00
贰元票	2	4.00	总计	13	200.00
金额合计	人民币（大写）	贰佰元整			
销售单位（盖章）	售票人（章） 刘波冰印		备注		

（印花税票应贴于账簿扉页的右上角并划斜线注销）

光明市税务局第一分局 票据专用章

现金付讫

第二联 购买单位记账凭证

业务 34

借　款　单

2×18年12月30日

借款单位：供销科		
借款理由：参加会议		
借款金额：人民币（大写）陆仟元整　　现金付讫　　¥6 000.00		
本部门负责人意见：同意。卜发愁	借款人签字：鲍巩英	
会计主管审批：同意。钱一凡	付款方式：库存现金	出纳：张理财

第五章　成本计算与期末会计事项的账务处理要求及对应的原始凭证

1. 产品成本计算及其账务处理

产品成本计算及其账务处理，是指按成本计算对象并分成本项目，进行生产费用的归集和分配，并在此基础上计算产品成本，同时进行相应账务处理，包括：❶材费费用的计算与分配；❷工薪费用的计算与分配；❸固定资产折旧费用的计算与分配；❹制造费用的归集与分配；❺计算并结转完工产品成本。

2. 期末会计事项的账务处理

期末会计事项的账务处理，是指按照应计制的要求，对有关收入和费用进行账项调整，包括：❶已销产品成本的计算与结转；❷有关税费的计算与结转；❸短期借款利息费用的计提与结转；❹为计算本年利润进行损益类账户的结转；❺所得税的年终汇算清缴与结转；❻利润分配的计算与结转；❼未分配利润的计算与结转。

3. 产品成本计算与期末会计事项账务处理的要求

❶根据有关账簿记录填制原始凭证并编制记账凭证；❷根据审核无误的记账凭证登记有关明细账；❸编制第三张“科目汇总表”；❹根据第三张“科目汇总表”登记总分类账。❺对总账和明细账进行结账。

实操一　成本计算会计事项的自制原始凭证填制及账务处理提示

业务 35-2-1

原材料加权平均单位成本计算表

2×18年12月31日　　　　金额单位：元

材料名称	期初结存		本期收入		加权平均单位成本
	数　量	金　额	数　量	金　额	
甲材料					
乙材料					
丙材料					
合　计	—	78 400	—	284 600	—

会计主管：钱一凡　　　制单：严尧秋　　　复核：高桂格

业务提示

业务35-2-2

发料凭证汇总表

2×18年12月31日

附件______张

金额单位：元

材料名称 用途	甲材料		乙材料		丙材料		金额合计
	数量	金额	数量	金额	数量	金额	
A产品生产领用							
B产品生产领用					—		
车间一般耗用			—				
销售部门领用	—		—				
合计							284 050

会计主管：钱一凡　　制单：严尧秋　　复核：高桂格

业务36-2-1

应付工资费用分配汇总表

2×18年12月31日

单位：元

车间或部门		应付职工薪酬				合计
		基本工资	津贴	奖金	其他	
生产工人	A产品	23 000	15 000	2 400	4 600	45 000
	B产品	18 000	12 000	2 100	2 900	35 000
	小计	41 000	27 000	4 500	7 500	80 000
车间管理人员		3 000	1 000	500	500	5 000
专设销售机构人员		2 000	1 100	1 700	200	5 000
行政管理人员		6 400	1 700	900	1 000	10 000
合计		52 400	30 800	7 600	9 200	100 000

会计主管：钱一凡　　制单：严尧秋　　复核：高桂格

业务36-2-2

职工福利费计提表

2×18年12月31日

金额单位：元

车间或部门（人员类别）		工资总额	计提比例	计提金额
生产工人	A产品	45 000	14%	
	B产品	35 000	14%	
	小计	80 000	14%	
车间管理人员		5 000	14%	
专设销售机构人员		5 000	14%	
行政管理人员		10 000	14%	
合计		100 000		14 000

会计主管：钱一凡　　制单：严尧秋　　复核：高桂格

业务37

固定资产折旧计算汇总表

2×18年12月31日　　　　金额单位：元

使用部门	固定资产类别	月初固定资产原值	月折旧率	月折旧额
生产车间	房屋及建筑物	500 000	0.4%	
	机器设备	2 300 000	0.8%	
	小计	2 800 000		
专设销售机构	房屋及建筑物	200 000	0.2%	
	管理用设备	100 000	0.6%	
	小计	300 000		
企业管理部门	房屋及建筑物	1 500 000	0.2%	
	管理用设备	300 000	0.6%	
	小计	1 800 000		
合　计		4 900 000		26 200

会计主管：钱一凡　　制单：严尧秋　　复核：高桂格

业务38

制造费用分配表

2×18年12月31日　　　　金额单位：元

车间或产品	分配标准（生产工人工资）	分配率	分配金额
A产品	45 000		
B产品	35 000		
合计	80 000	—	

会计主管：钱一凡　　制单：严尧秋　　复核：高桂格

业务39-2-1

月末在产品定额成本资料表

2×18年12月31日　　　　金额单位：元

在产品名称	计量单位	数量	直接材料		直接人工		制造费用		定额成本合计
			成本定额	定额成本	成本定额	定额成本	成本定额	定额成本	
A产品	台	2	1 200	2 400	300	600	250	500	3 500
B产品	台	9	500	4 500	250	2 250	150	1 350	8 100
合　计				6 900		2 850		1 850	11 600

业务39-2-2

完工产品成本计算汇总表

2×18年12月31日

附件____张
单位：元

产品名称 / 成本项目	A产品（____台）		B产品（____台）	
	总成本	单位成本	总成本	单位成本
直接材料				
直接人工				
制造费用				
生产成本合计	225 600		163 000	

会计主管：钱一凡　　制单：严尧秋　　复核：高桂格

实操二 期末会计事项的自制原始凭证填制及账务处理提示

业务40

产品销售成本汇总计算表

2×18年12月31日

附件____张
金额单位：元

材料名称	期初结存		本期收入		加权平均单位成本	本期销售	
	数量	金额	数量	金额		数量	金额
A产品							
B产品							
合计	—	144 200	—	388 600	—		

会计主管：钱一凡　　制单：严尧秋　　复核：高桂格

业务提示

业务41

应纳增值税及转出未交增值税计算表

2×18年12月31日　　单位：元

项目	当期销项税额	当期进项税额	当期应纳增值税额	已交增值税	转出未交增值税
	①	②	③=②-①	④	⑤=③-④
金额					

会计主管：钱一凡　　制单：严尧秋　　复核：高桂格

业务42-2-1

应纳城建税及教育费附加计算表

2×18年12月31日　　金额单位：元

项　　目	计税依据	税（费）率	应纳税（费）额
城建税		7%	
教育费附加		3%	
合　　计			

会计主管：钱一凡　　制单：严尧秋　　复核：高桂格

业务42-2-2

房产税从价计征计算表

2×18年12月31日　　金额单位：元

年初房产原始价值	22 000 000	计税余值计算	22 000 000×（1-30%）=15 400 000
扣除比例	30%	年应纳税额计算	15 400 000×1.20%=184 800
税　率	1.20%	本季度应纳税额	184 800÷4=46 200
纳税期限与缴纳方式	房产税实行按年计算、分期缴纳的征收方式。按季并在季末月份实际缴纳		

会计主管：钱一凡　　制单：严尧秋　　复核：高桂格

业务43

银行借款利息计提表

2×18年12月31日　　金额单位：元

借款名称	借款金额	计息月份	借款月利率	借款利息
短期借款——工商银行	400 000	12月	7‰	2 800
利　息　合　计				2 800

会计主管：钱一凡　　制单：严尧秋　　复核：高桂格

业务44

本月损益类账户发生额汇总表

2×18年12月31日　　　　单位：元

收入类账户		结转前贷方发生额	费用类账户		结转前借方发生额
主营业务收入	A产品		主营业务成本	A产品	
	B产品			B产品	
营业外收入			税金及附加		
			销售费用		
			管理费用		
			财务费用		
			营业外支出		
合　计		900 415	合　计		586 415

会计主管：钱一凡　　制单：严尧秋　　复核：高桂格

业务45-2-1

损益类账户1—11月份累计发生额汇总表

账户名称	1—11月份累计发生额	账户名称	1—11月份累计发生额
主营业务收入	4 332 000（贷方）	销售费用	519 540（借方）
营业外收入	38 000（贷方）	管理费用	587 160（借方）
主营业务成本	2 146 600（借方）	财务费用*	21 990（借方）
税金及附加	42 400（借方）	营业外支出	212 310（借方）
所得税费用	210 000（借方）	本年利润	630 000

注：财务费用21 990元中，包括利息费用27 580元、利息收入6 300元。

业务45-2-2

企业所得税按月预缴纳税申报表（简易）

税款所属期间：2×18年12月1日至12月31日　　　　金额单位：元

项　目	本期金额	累计金额	项　目	本期金额	累计金额
营业收入			应纳所得税额		
营业成本			实际已预缴所得税额	—	
利润总额			本月实际应补所得税额		—
税率	25%	25%			

会计主管：钱一凡　　制单：严尧秋　　复核：高桂格

注：上表的“营业收入”和“营业成本”项目仅填企业发生的主营业务和其他业务，与利润总额计算无关。

业务46

可供分配利润计算及利润分配表

2×18年度

单位：元

项　　目	金　　额	项　　目	金　　额
一、本年度净利润		减：实际分配利润	700 000
减：本年度应提取法定盈余公积		其中：港城投资公司（60%）	
二、扣除盈余公积后的本年净利润		海虹机械公司（40%）	
加：年初未分配利润	340 000	四、本年度累计未分配利润	
三、本年度可供分配的净利润			

会计主管：钱一凡　　　制单：严尧秋　　　复核：高桂格

注：经公司董事会讨论决定，本年度实际分配利润70万元。

业务47

净利润和已分配利润结转及未分配利润计算表

2×18年度

单位：元

结转情况 / 账户名称	结转前余额		实际结转		结转后余额	
	借方	贷方	借方	贷方	借方	贷方
本年利润	—			—	无	无
利润分配——提取法定盈余公积		—	—		无	无
利润分配——应付股利		—	—		无	无
利润分配——未分配股利	—				—	423 000

会计主管：钱一凡　　　制单：刘景明　　　复核：高桂格

第六章　编制会计报表

编制会计报表，是指根据试算平衡表结合账簿记录编制会计报表，包括：❶编制“总分类账户发生额及余额试算平衡表”；❷编制“资产负债表”；❸编制“利润表”。

编制会计报表的要求包括：❶根据总分类账簿记录编制“总分类账户发生额及余额试算平衡表”；❷根据“总分类账户发生额及余额试算平衡表”的“期末余额”栏数字，参考有关明细账编制“资产负债表”；❸根据“总分类账户发生额及余额试算平衡表”的“本月（或期）发生额”栏数字和“损益类账户1—11月份累计发生额汇总表”，编制12月份的“利润表”。

实操一　编制“总分类账户发生额及余额试算平衡表”

在对总分类账户进行结账并核对无误的基础上，根据各总分类账簿记录（月结金额），编制“总分类账户发生额及余额试算平衡表”。

业务48

总分类账户发生额及余额试算平衡表

2×18年12月

单位：元

行次	会计科目	月初余额		本月发生额		期末余额	
		借　方	贷　方	借　方	贷　方	借　方	贷　方
1	库存现金	9 775					
2	银行存款	940 695					
3	应收票据	240 000					
4	应收账款	255 000					
5	预付账款	81 000					
6	其他应收款	6 500					
7	原材料	78 400					
8	库存商品	144 200					
9	固定资产	4 900 000					
10	累计折旧		865 960				
11	在建工程	900 000					
12	生产成本	18 550					
13	制造费用						

业务提示

续表

行次	会计科目	月初余额		本月发生额		期末余额	
		借方	贷方	借方	贷方	借方	贷方
14	短期借款		400 000				
15	应付票据		64 000				
16	应付账款		181 740				
17	预收账款		263 000				
18	应交税费		76 000				
19	应付职工薪酬		99 900				
20	应付利息		4 520				
21	应付股利						
22	实收资本		4 150 000				
23	资本公积		269 000				
24	盈余公积		230 000				
25	利润分配		340 000				
26	本年利润		630 000				
27	主营业务收入						
28	营业外收入						
29	营业外支出						
30	主营业务成本						
31	税金及附加						
32	销售费用						
33	管理费用						
34	财务费用						
35	所得税费用						
合计		7 574 120	7 574 120	8 800 820	8 800 820	7 527 313	7 527 313

实操二 编制“资产负债表”

根据本章“实操一”所编制“总分类账户发生额及余额试算平衡表”的“期末余额”栏数字，参考有关明细账，采用“直接填列法”和“分析填列法”填列“资产负债表”的“期末余额”栏。

会计制度 业务提示

财会〔2018〕15号文

业务49

资产负债表

会企01表

编制单位：(盖章)　　　2×18年12月31日　　　单位：元

资　产	期末余额	年初余额	负债和所有者权益	期末余额	年初余额
流动资产：		（略）	流动负债：		（略）
货币资金			短期借款		
以公允价值计量且其变动计入当期损益的金融资产			以公允价值计量且其变动计入当期损益的金融资产		
衍生金融资产			衍生金融负债		
应收票据及应收账款			应付票据及应付账款		
预付款项			预收款项		
其他应收款			应付职工薪酬		
存货			应交税费		
持有待售资产			其他应付款		
其他流动资产			持有待售负债		
一年内到期的非流动资产			一年内到期的非流动负债		
流动资产合计			其他流动负债		
非流动资产：			流动负债合计		
可供出售金融资产			非流动负债：		
持有至到期投资			长期借款		
长期应收款			应付债券		
长期股权投资			长期应付款		
投资性房地产			递延所得税负债		
固定资产			负债合计		
在建工程			所有者权益：		
无形资产			实收资本		
开发支出			其他权益工具		
商誉			资本公积		
长期待摊费用			其他综合收益		
递延所得税资产			盈余公积		
其他非流动资产			未分配利润		
非流动资产合计			所有者权益合计		
资产总计	6 694 153		负债和所有者权益总计	6 694 153	

实操三　编制“利润表”

根据本章“实操一”所编制“总分类账户发生额及余额试算平衡表”的“本月发生额”栏数字和“损益类账户1—11月份累计发生额”，填制12月份“利润表”的“本期金额”栏和“本年累计金额”栏。

业务50

利　润　表

会企02表

编制单位：（盖章）　　2×18年12月　　单位：元

项　目	本期金额	本年累计金额
一、营业收入		
减：营业成本		
税金及附加		
销售费用		
管理费用		
研发费用		
财务费用		
其中：利息费用		
利息收入		
资产减值损失		
加：其他收益		
投资收益（损失以“－”号填列）		
其中：对联营企业和合营企业的投资收益		
公允价值变动收益（损失以“－”号填列）		
资产处置收益（损失以“－”号填列）		
二、营业利润（亏损以“－”号填列）		
加：营业外收入		
减：营业外支出		
三、利润总额（亏损总额以“－”号填列）		
减：所得税费用		
四、净利润（净亏损以“－”号填列）		
（一）持续经营净利润（净亏损以“－”号填列）		
（二）终止经营净利润（净亏损以“－”号填列）		
五、其他综合收益的税后净额		
（一）以后不能重分类进损益的其他综合收益		
（二）以后将重分类进损益的其他综合收益		
六、综合收益总额		
七、每股收益		
（一）基本每股收益		
（二）稀释每股收益		

注：《企业会计准则第16号——政府补助》第十六条规定，企业应当在利润表中的“营业利润”项目之上单独列报“其他收益”项目，计入其他收益的政府补助在该项目中反映。

业务提示

准则16号

附　录　会计学综合模拟实验用空白记账凭证、账页及封皮

总号	
分号	

收　款　凭　证

借方科目＿＿＿＿＿＿　　　　年　　月　　日　　　　附件　　　　张

摘　要	应贷科目		过账	金额									
	一级科目	二级及明细科目		亿	千	百	十	万	千	百	十	元	角	分
合计														

财会主管　　　　记账　　　　出纳　　　　复核　　　　制单

总号	
分号	

收　款　凭　证

借方科目＿＿＿＿＿＿　　　　年　　月　　日　　　　附件　　　　张

摘　要	应贷科目		过账	金额										
	一级科目	二级及明细科目		亿	千	百	十	万	千	百	十	元	角	分
合计														

财会主管　　　　记账　　　　出纳　　　　复核　　　　制单

总号	
分号	

收 款 凭 证

借方科目______　　　　年　月　日　　　　附件　　张

摘要	应贷科目		过账	金额									
	一级科目	二级及明细科目		亿	千	百	十	万	千	百	十	元	角	分
合计														

财会主管　　记账　　出纳　　复核　　制单

总号	
分号	

收 款 凭 证

借方科目______　　　　年　月　日　　　　附件　　张

摘要	应贷科目		过账	金额										
	一级科目	二级及明细科目		亿	千	百	十	万	千	百	十	元	角	分
合计														

财会主管　　记账　　出纳　　复核　　制单

总号	
分号	

收 款 凭 证

借方科目________　　　　年　　月　　日　　　　附件　　　　张

摘　要	应贷科目		过账	金额										
	一级科目	二级及明细科目		亿	千	百	十	万	千	百	十	元	角	分
合计														

财会主管　　　　记账　　　　出纳　　　　复核　　　　制单

总号	
分号	

收 款 凭 证

借方科目________　　　　年　　月　　日　　　　附件　　　　张

摘　要	应贷科目		过账	金额										
	一级科目	二级及明细科目		亿	千	百	十	万	千	百	十	元	角	分
合计														

财会主管　　　　记账　　　　出纳　　　　复核　　　　制单

总号	
分号	

收 款 凭 证

借方科目________　　　　年　　月　　日　　　　附件　　　　张

摘　要	应贷科目		过账	金额										
	一级科目	二级及明细科目		亿	千	百	十	万	千	百	十	元	角	分
合计														

财会主管　　　记账　　　出纳　　　复核　　　制单

总号	
分号	

收 款 凭 证

借方科目________　　　　年　　月　　日　　　　附件　　　　张

摘　要	应贷科目		过账	金额										
	一级科目	二级及明细科目		亿	千	百	十	万	千	百	十	元	角	分
合计														

财会主管　　　记账　　　出纳　　　复核　　　制单

总号	
分号	

收款凭证

借方科目 ________　　年　月　日　　附件　　张

摘要	应贷科目		过账	金额										
	一级科目	二级及明细科目		亿	千	百	十	万	千	百	十	元	角	分
合计														

财会主管　　记账　　出纳　　复核　　制单

总号	
分号	

收款凭证

借方科目 ________　　年　月　日　　附件　　张

摘要	应贷科目		过账	金额										
	一级科目	二级及明细科目		亿	千	百	十	万	千	百	十	元	角	分
合计														

财会主管　　记账　　出纳　　复核　　制单

总号	
分号	

付 款 凭 证

贷方科目 ________　　年　月　日　　附件　　张

摘要	应借科目		过账	金额										
	一级科目	二级及明细科目		亿	千	百	十	万	千	百	十	元	角	分
合计														

财会主管　　记账　　出纳　　复核　　制单　　领款人签章

总号	
分号	

付 款 凭 证

贷方科目 ________　　年　月　日　　附件　　张

摘要	应借科目		过账	金额										
	一级科目	二级及明细科目		亿	千	百	十	万	千	百	十	元	角	分
合计														

财会主管　　记账　　出纳　　复核　　制单　　领款人签章

总号	
分号	

付 款 凭 证

贷方科目______ 年 月 日 附件 张

摘要	应借科目		过账	金额										
	一级科目	二级及明细科目		亿	千	百	十	万	千	百	十	元	角	分
合计														

财会主管 记账 出纳 复核 制单 领款人签章

总号	
分号	

付 款 凭 证

贷方科目______ 年 月 日 附件 张

摘要	应借科目		过账	金额										
	一级科目	二级及明细科目		亿	千	百	十	万	千	百	十	元	角	分
合计														

财会主管 记账 出纳 复核 制单 领款人签章

总号	
分号	

付款凭证

贷方科目 ____________ 年 月 日 附件 张

摘要	应借科目		过账	金额										
	一级科目	二级及明细科目		亿	千	百	十	万	千	百	十	元	角	分
合计														

财会主管 记账 出纳 复核 制单 领款人签章

总号	
分号	

付款凭证

贷方科目 ____________ 年 月 日 附件 张

摘要	应借科目		过账	金额										
	一级科目	二级及明细科目		亿	千	百	十	万	千	百	十	元	角	分
合计														

财会主管 记账 出纳 复核 制单 领款人签章

总号	
分号	

付 款 凭 证

贷方科目________　　　　年　　月　　日　　　　附件　　　　张

摘要	应借科目		过账	金额										
	一级科目	二级及明细科目		亿	千	百	十	万	千	百	十	元	角	分
合计														

财会主管　　记账　　出纳　　复核　　制单　　领款人签章

总号	
分号	

付 款 凭 证

贷方科目________　　　　年　　月　　日　　　　附件　　　　张

摘要	应借科目		过账	金额										
	一级科目	二级及明细科目		亿	千	百	十	万	千	百	十	元	角	分
合计														

财会主管　　记账　　出纳　　复核　　制单　　领款人签章

总号	
分号	

付款凭证

贷方科目______　　　　年　月　日　　　　附件　　张

摘要	应借科目		过账	金额										
	一级科目	二级及明细科目		亿	千	百	十	万	千	百	十	元	角	分
合计														

财会主管　　记账　　出纳　　复核　　制单　　领款人签章

总号	
分号	

付款凭证

贷方科目______　　　　年　月　日　　　　附件　　张

摘要	应借科目		过账	金额										
	一级科目	二级及明细科目		亿	千	百	十	万	千	百	十	元	角	分
合计														

财会主管　　记账　　出纳　　复核　　制单　　领款人签章

总号	
分号	

付款凭证

贷方科目＿＿＿＿＿＿　　年　月　日　　附件　　张

摘要	应借科目		过账	金额										
	一级科目	二级及明细科目		亿	千	百	十	万	千	百	十	元	角	分
合计														

财会主管　　记账　　出纳　　复核　　制单　　领款人签章

总号	
分号	

付款凭证

贷方科目＿＿＿＿＿＿　　年　月　日　　附件　　张

摘要	应借科目		过账	金额										
	一级科目	二级及明细科目		亿	千	百	十	万	千	百	十	元	角	分
合计														

财会主管　　记账　　出纳　　复核　　制单　　领款人签章

总号	
分号	

付 款 凭 证

贷方科目________　　　　年　　月　　日　　　　附件　　　　张

摘要	应借科目		过账	金额										
	一级科目	二级及明细科目		亿	千	百	十	万	千	百	十	元	角	分
合计														

财会主管　　记账　　出纳　　复核　　制单　　领款人签章

总号	
分号	

付 款 凭 证

贷方科目________　　　　年　　月　　日　　　　附件　　　　张

摘要	应借科目		过账	金额										
	一级科目	二级及明细科目		亿	千	百	十	万	千	百	十	元	角	分
合计														

财会主管　　记账　　出纳　　复核　　制单　　领款人签章

总号	
分号	

付 款 凭 证

贷方科目 .... 年 月 日 附件 张

摘要	应借科目		过账	金额										
	一级科目	二级及明细科目		亿	千	百	十	万	千	百	十	元	角	分
合计														

财会主管 记账 出纳 复核 制单 领款人签章

总号	
分号	

付 款 凭 证

贷方科目 .... 年 月 日 附件 张

摘要	应借科目		过账	金额										
	一级科目	二级及明细科目		亿	千	百	十	万	千	百	十	元	角	分
合计														

财会主管 记账 出纳 复核 制单 领款人签章

总号	
分号	

付款凭证

贷方科目______　　　　年　月　日　　　　附件　　张

摘要	应借科目		过账	金额										
	一级科目	二级及明细科目		亿	千	百	十	万	千	百	十	元	角	分
合计														

财会主管　　记账　　出纳　　复核　　制单　　领款人签章

总号	
分号	

付款凭证

贷方科目______　　　　年　月　日　　　　附件　　张

摘要	应借科目		过账	金额										
	一级科目	二级及明细科目		亿	千	百	十	万	千	百	十	元	角	分
合计														

财会主管　　记账　　出纳　　复核　　制单　　领款人签章

总号	
分号	

付款凭证

贷方科目______　　　　年　月　日　　　　附件　　张

摘要	应借科目		过账	金额										
	一级科目	二级及明细科目		亿	千	百	十	万	千	百	十	元	角	分
合计														

财会主管　　记账　　出纳　　复核　　制单　　领款人签章

总号	
分号	

付款凭证

贷方科目______　　　　年　月　日　　　　附件　　张

摘要	应借科目		过账	金额										
	一级科目	二级及明细科目		亿	千	百	十	万	千	百	十	元	角	分
合计														

财会主管　　记账　　出纳　　复核　　制单　　领款人签章

总号	
分号	

付 款 凭 证

贷方科目________　　　　年　月　日　　　　附件　　张

摘要	应借科目		过账	金额										
	一级科目	二级及明细科目		亿	千	百	十	万	千	百	十	元	角	分
合计														

财会主管　　记账　　出纳　　复核　　制单　　领款人签章

总号	
分号	

付 款 凭 证

贷方科目________　　　　年　月　日　　　　附件　　张

摘要	应借科目		过账	金额										
	一级科目	二级及明细科目		亿	千	百	十	万	千	百	十	元	角	分
合计														

财会主管　　记账　　出纳　　复核　　制单　　领款人签章

总号	
分号	

付款凭证

贷方科目…………　　年　月　日　　附件　　张

摘要	应借科目		过账	金额										
	一级科目	二级及明细科目		亿	千	百	十	万	千	百	十	元	角	分
合计														

财会主管　　记账　　出纳　　复核　　制单　　领款人签章

总号	
分号	

付款凭证

贷方科目…………　　年　月　日　　附件　　张

摘要	应借科目		过账	金额										
	一级科目	二级及明细科目		亿	千	百	十	万	千	百	十	元	角	分
合计														

财会主管　　记账　　出纳　　复核　　制单　　领款人签章

科 目 汇 总 表

年　　月　　日至　　月　　日

编号：　　　　附件共　　张

记账凭证				
收款	第	号至	号共	张
付款	第	号至	号共	张
转账	第	号至	号共	张

会计科目	本期发生额汇总																				会计科目	本期发生额汇总																			
	借方										贷方											借方										贷方									
	千	百	十	万	千	百	十	元	角	分	千	百	十	万	千	百	十	元	角	分		千	百	十	万	千	百	十	元	角	分	千	百	十	万	千	百	十	元	角	分

财会主管　　　　记账　　　　复核　　　　制表

科目汇总表

年　　月　　日至　　月　　日

编号：		附件共　　张
记账凭证	收款	第　　号至　　号共　　张
	付款	第　　号至　　号共　　张
	转账	第　　号至　　号共　　张

会计科目	本期发生额汇总																				会计科目	本期发生额汇总																			
	借方										贷方											借方										贷方									
	千	百	十	万	千	百	十	元	角	分	千	百	十	万	千	百	十	元	角	分		千	百	十	万	千	百	十	元	角	分	千	百	十	万	千	百	十	元	角	分

财会主管　　　　记账　　　　复核　　　　制表

科 目 汇 总 表

年 月 日至 月 日

编号：		附件共	张
记账凭证 收款	第 号至	号共	张
付款	第 号至	号共	张
转账	第 号至	号共	张

会计科目	本期发生额汇总																				会计科目	本期发生额汇总																			
	借方										贷方											借方										贷方									
	千	百	十	万	千	百	十	元	角	分	千	百	十	万	千	百	十	元	角	分		千	百	十	万	千	百	十	元	角	分	千	百	十	万	千	百	十	元	角	分

财会主管　　　　记账　　　　复核　　　　制表

编号：	附件共			张
记账凭证	收款	第	号至	号共	张
	付款	第	号至	号共	张
	转账	第	号至	号共	张

科目汇总表

年　　月　　日至　　月　　日

会计科目	本期发生额汇总																				会计科目	本期发生额汇总																			
	借方										贷方											借方										贷方									
	千	百	十	万	千	百	十	元	角	分	千	百	十	万	千	百	十	元	角	分		千	百	十	万	千	百	十	元	角	分	千	百	十	万	千	百	十	元	角	分

财会主管　　　　记账　　　　复核　　　　制表

总号	
分号	

转账凭证

年 月 日 附件 张

摘要	一级科目	二级及明细科目	过账	借方金额										贷方金额									
				千	百	十	万	千	百	十	元	角	分	千	百	十	万	千	百	十	元	角	分
合计																							

财会主管 记账 复核 制单

总号	
分号	

转账凭证

年 月 日 附件 张

摘要	一级科目	二级及明细科目	过账	借方金额										贷方金额									
				千	百	十	万	千	百	十	元	角	分	千	百	十	万	千	百	十	元	角	分
合计																							

财会主管 记账 复核 制单

总号	
分号	

转账凭证

年　　月　　日　　　　　　　　附件　　　　张

摘要	一级科目	二级及明细科目	过账	借方金额										贷方金额									
				千	百	十	万	千	百	十	元	角	分	千	百	十	万	千	百	十	元	角	分
合计																							

财会主管　　　　记账　　　　复核　　　　制单

总号	
分号	

转账凭证

年　　月　　日　　　　　　　　附件　　　　张

摘要	一级科目	二级及明细科目	过账	借方金额										贷方金额									
				千	百	十	万	千	百	十	元	角	分	千	百	十	万	千	百	十	元	角	分
合计																							

财会主管　　　　记账　　　　复核　　　　制单

总号	
分号	

转 账 凭 证

年　月　日　　　　附件　　　张

摘要	一级科目	二级及明细科目	过账	借方金额										贷方金额									
				千	百	十	万	千	百	十	元	角	分	千	百	十	万	千	百	十	元	角	分
合计																							

财会主管　　　　记账　　　　复核　　　　制单

总号	
分号	

转 账 凭 证

年　月　日　　　　附件　　　张

摘要	一级科目	二级及明细科目	过账	借方金额										贷方金额									
				千	百	十	万	千	百	十	元	角	分	千	百	十	万	千	百	十	元	角	分
合计																							

财会主管　　　　记账　　　　复核　　　　制单

总号	
分号	

转 账 凭 证

年 月 日 附件 张

摘要	一级科目	二级及明细科目	过账	借方金额										贷方金额									
				千	百	十	万	千	百	十	元	角	分	千	百	十	万	千	百	十	元	角	分
合计																							

财会主管 记账 复核 制单

总号	
分号	

转 账 凭 证

年 月 日 附件 张

摘要	一级科目	二级及明细科目	过账	借方金额										贷方金额									
				千	百	十	万	千	百	十	元	角	分	千	百	十	万	千	百	十	元	角	分
合计																							

财会主管 记账 复核 制单

总号	
分号	

转账凭证

年　月　日　　　　附件　　张

摘要	一级科目	二级及明细科目	过账	借方金额										贷方金额									
				千	百	十	万	千	百	十	元	角	分	千	百	十	万	千	百	十	元	角	分
合计																							

财会主管　　　记账　　　复核　　　制单

总号	
分号	

转账凭证

年　月　日　　　　附件　　张

摘要	一级科目	二级及明细科目	过账	借方金额										贷方金额									
				千	百	十	万	千	百	十	元	角	分	千	百	十	万	千	百	十	元	角	分
合计																							

财会主管　　　记账　　　复核　　　制单

总号	
分号	

转账凭证

年　月　日　　　　附件　　张

摘要	一级科目	二级及明细科目	过账	借方金额										贷方金额									
				千	百	十	万	千	百	十	元	角	分	千	百	十	万	千	百	十	元	角	分
合计																							

财会主管　　记账　　复核　　制单

总号	
分号	

转账凭证

年　月　日　　　　附件　　张

摘要	一级科目	二级及明细科目	过账	借方金额										贷方金额									
				千	百	十	万	千	百	十	元	角	分	千	百	十	万	千	百	十	元	角	分
合计																							

财会主管　　记账　　复核　　制单

总号	
分号	

转 账 凭 证

年 月 日　　　　附件　　　张

摘要	一级科目	二级及明细科目	过账	借方金额										贷方金额									
				千	百	十	万	千	百	十	元	角	分	千	百	十	万	千	百	十	元	角	分
合计																							

财会主管　　　　记账　　　　复核　　　　制单

总号	
分号	

转 账 凭 证

年 月 日　　　　附件　　　张

摘要	一级科目	二级及明细科目	过账	借方金额										贷方金额									
				千	百	十	万	千	百	十	元	角	分	千	百	十	万	千	百	十	元	角	分
合计																							

财会主管　　　　记账　　　　复核　　　　制单

转账凭证

总号	
分号	

年　　月　　日　　　　　　附件　　　　张

摘要	一级科目	二级及明细科目	过账	借方金额										贷方金额									
				千	百	十	万	千	百	十	元	角	分	千	百	十	万	千	百	十	元	角	分
合计																							

财会主管　　　　记账　　　　复核　　　　制单

转账凭证

总号	
分号	

年　　月　　日　　　　　　附件　　　　张

摘要	一级科目	二级及明细科目	过账	借方金额										贷方金额									
				千	百	十	万	千	百	十	元	角	分	千	百	十	万	千	百	十	元	角	分
合计																							

财会主管　　　　记账　　　　复核　　　　制单

总号	
分号	

转 账 凭 证

年 月 日 　　　　附件 　　张

摘要	一级科目	二级及明细科目	过账	借方金额										贷方金额									
				千	百	十	万	千	百	十	元	角	分	千	百	十	万	千	百	十	元	角	分
合计																							

财会主管 　　　　记账 　　　　复核 　　　　制单

总号	
分号	

转 账 凭 证

年 月 日 　　　　附件 　　张

摘要	一级科目	二级及明细科目	过账	借方金额										贷方金额									
				千	百	十	万	千	百	十	元	角	分	千	百	十	万	千	百	十	元	角	分
合计																							

财会主管 　　　　记账 　　　　复核 　　　　制单

总号	
分号	

转账凭证

年 月 日 附件 张

摘要	一级科目	二级及明细科目	过账	借方金额										贷方金额									
				千	百	十	万	千	百	十	元	角	分	千	百	十	万	千	百	十	元	角	分
合计																							

财会主管 记账 复核 制单

总号	
分号	

转账凭证

年 月 日 附件 张

摘要	一级科目	二级及明细科目	过账	借方金额										贷方金额									
				千	百	十	万	千	百	十	元	角	分	千	百	十	万	千	百	十	元	角	分
合计																							

财会主管 记账 复核 制单

总号	
分号	

转 账 凭 证

年 月 日 附件 张

摘要	一级科目	二级及明细科目	过账	借方金额										贷方金额									
				千	百	十	万	千	百	十	元	角	分	千	百	十	万	千	百	十	元	角	分
合计																							

财会主管 记账 复核 制单

总号	
分号	

转 账 凭 证

年 月 日 附件 张

摘要	一级科目	二级及明细科目	过账	借方金额										贷方金额									
				千	百	十	万	千	百	十	元	角	分	千	百	十	万	千	百	十	元	角	分
合计																							

财会主管 记账 复核 制单

总号	
分号	

转账凭证

年　月　日　　　　附件　　张

摘要	一级科目	二级及明细科目	过账	借方金额										贷方金额									
				千	百	十	万	千	百	十	元	角	分	千	百	十	万	千	百	十	元	角	分
合计																							

财会主管　　　记账　　　复核　　　制单

总号	
分号	

转账凭证

年　月　日　　　　附件　　张

摘要	一级科目	二级及明细科目	过账	借方金额										贷方金额									
				千	百	十	万	千	百	十	元	角	分	千	百	十	万	千	百	十	元	角	分
合计																							

财会主管　　　记账　　　复核　　　制单

总号	
分号	

转 账 凭 证

年　　月　　日　　　　　　　　附件　　　　张

摘要	一级科目	二级及明细科目	过账	借方金额										贷方金额									
				千	百	十	万	千	百	十	元	角	分	千	百	十	万	千	百	十	元	角	分
合计																							

财会主管　　　　记账　　　　复核　　　　制单

总号	
分号	

转 账 凭 证

年　　月　　日　　　　　　　　附件　　　　张

摘要	一级科目	二级及明细科目	过账	借方金额										贷方金额									
				千	百	十	万	千	百	十	元	角	分	千	百	十	万	千	百	十	元	角	分
合计																							

财会主管　　　　记账　　　　复核　　　　制单

总号	
分号	

转账凭证

年　月　日　　附件　张

摘要	一级科目	二级及明细科目	过账	借方金额										贷方金额									
				千	百	十	万	千	百	十	元	角	分	千	百	十	万	千	百	十	元	角	分
合计																							

财会主管　　记账　　复核　　制单

总号	
分号	

转账凭证

年　月　日　　附件　张

摘要	一级科目	二级及明细科目	过账	借方金额										贷方金额									
				千	百	十	万	千	百	十	元	角	分	千	百	十	万	千	百	十	元	角	分
合计																							

财会主管　　记账　　复核　　制单

总号	
分号	

转 账 凭 证

年 月 日 附件 张

摘要	一级科目	二级及明细科目	过账	借方金额										贷方金额									
				千	百	十	万	千	百	十	元	角	分	千	百	十	万	千	百	十	元	角	分
合计																							

财会主管 记账 复核 制单

总号	
分号	

转 账 凭 证

年 月 日 附件 张

摘要	一级科目	二级及明细科目	过账	借方金额										贷方金额									
				千	百	十	万	千	百	十	元	角	分	千	百	十	万	千	百	十	元	角	分
合计																							

财会主管 记账 复核 制单

总号	
分号	

转 账 凭 证

年 月 日 附件 张

摘要	一级科目	二级及明细科目	过账	借方金额										贷方金额									
				千	百	十	万	千	百	十	元	角	分	千	百	十	万	千	百	十	元	角	分
合计																							

财会主管 记账 复核 制单

总号	
分号	

转 账 凭 证

年 月 日 附件 张

摘要	一级科目	二级及明细科目	过账	借方金额										贷方金额									
				千	百	十	万	千	百	十	元	角	分	千	百	十	万	千	百	十	元	角	分
合计																							

财会主管 记账 复核 制单

库存现金日记账

年		凭证号数	对方科目	摘要	✓	收入（借方）金额										付出（贷方）金额										结余金额									
月	日					千	百	十	万	千	百	十	元	角	分	千	百	十	万	千	百	十	元	角	分	千	百	十	万	千	百	十	元	角	分

库存现金日记账

年		凭证号数	对方科目	摘要	✓	收入（借方）金额										付出（贷方）金额										结余金额									
月	日					千	百	十	万	千	百	十	元	角	分	千	百	十	万	千	百	十	元	角	分	千	百	十	万	千	百	十	元	角	分

银行存款日记账

年		凭证号数	支票号码	对方科目	摘要	✓	收入（借方）金额											付出（贷方）金额											结余金额										
月	日						亿	千	百	十	万	千	百	十	元	角	分	亿	千	百	十	万	千	百	十	元	角	分	亿	千	百	十	万	千	百	十	元	角	分

银行存款日记账

年		凭证号数	支票号码	对方科目	摘要	✓	收入（借方）金额											付出（贷方）金额											结余金额										
月	日						亿	千	百	十	万	千	百	十	元	角	分	亿	千	百	十	万	千	百	十	元	角	分	亿	千	百	十	万	千	百	十	元	角	分

银行存款日记账

年		凭证号数	支票号码	对方科目	摘要	✓	收入（借方）金额											付出（贷方）金额											结余金额										
月	日						亿	千	百	十	万	千	百	十	元	角	分	亿	千	百	十	万	千	百	十	元	角	分	亿	千	百	十	万	千	百	十	元	角	分

银行存款日记账

年		凭证号数	支票号码	对方科目	摘要	✓	收入（借方）金额											付出（贷方）金额											结余金额										
月	日						亿	千	百	十	万	千	百	十	元	角	分	亿	千	百	十	万	千	百	十	元	角	分	亿	千	百	十	万	千	百	十	元	角	分

总账

第 1 页

年		凭证		摘要	对方科目	日页	借方金额											贷方金额											借或贷	余额										
月	日	种类	号数				亿	千	百	十	万	千	百	十	元	角	分	亿	千	百	十	万	千	百	十	元	角	分		亿	千	百	十	万	千	百	十	元	角	分

总账

第 2 页

年		凭证		摘要	对方科目	日页	借方金额											贷方金额											借或贷	余额										
月	日	种类	号数				亿	千	百	十	万	千	百	十	元	角	分	亿	千	百	十	万	千	百	十	元	角	分		亿	千	百	十	万	千	百	十	元	角	分

总账

年		凭证		摘要	对方科目	日页	借方金额											贷方金额											借或贷	余额										
月	日	种类	号数				亿	千	百	十	万	千	百	十	元	角	分	亿	千	百	十	万	千	百	十	元	角	分		亿	千	百	十	万	千	百	十	元	角	分

总账

年		凭证		摘要	对方科目	日页	借方金额											贷方金额											借或贷	余额										
月	日	种类	号数				亿	千	百	十	万	千	百	十	元	角	分	亿	千	百	十	万	千	百	十	元	角	分		亿	千	百	十	万	千	百	十	元	角	分

总账

年		凭证		摘要	对方科目	日页	借方金额											贷方金额											借或贷	余额										
月	日	种类	号数				亿	千	百	十	万	千	百	十	元	角	分	亿	千	百	十	万	千	百	十	元	角	分		亿	千	百	十	万	千	百	十	元	角	分

总账

年		凭证		摘要	对方科目	日页	借方金额											贷方金额											借或贷	余额										
月	日	种类	号数				亿	千	百	十	万	千	百	十	元	角	分	亿	千	百	十	万	千	百	十	元	角	分		亿	千	百	十	万	千	百	十	元	角	分

总账

第 7 页

年		凭证		摘要	对方科目	日页	借方金额											贷方金额											借或贷	余额										
月	日	种类	号数				亿	千	百	十	万	千	百	十	元	角	分	亿	千	百	十	万	千	百	十	元	角	分		亿	千	百	十	万	千	百	十	元	角	分

总账

第 8 页

年		凭证		摘要	对方科目	日页	借方金额											贷方金额											借或贷	余额										
月	日	种类	号数				亿	千	百	十	万	千	百	十	元	角	分	亿	千	百	十	万	千	百	十	元	角	分		亿	千	百	十	万	千	百	十	元	角	分

总账

年		凭证		摘要	对方科目	日页	借方金额											贷方金额											借或贷	余额										
月	日	种类	号数				亿	千	百	十	万	千	百	十	元	角	分	亿	千	百	十	万	千	百	十	元	角	分		亿	千	百	十	万	千	百	十	元	角	分

总账

年		凭证		摘要	对方科目	日页	借方金额											贷方金额											借或贷	余额										
月	日	种类	号数				亿	千	百	十	万	千	百	十	元	角	分	亿	千	百	十	万	千	百	十	元	角	分		亿	千	百	十	万	千	百	十	元	角	分

总账

年		凭证		摘要	对方科目	日页	借方金额											贷方金额											借或贷	余额										
月	日	种类	号数				亿	千	百	十	万	千	百	十	元	角	分	亿	千	百	十	万	千	百	十	元	角	分		亿	千	百	十	万	千	百	十	元	角	分

总账

年		凭证		摘要	对方科目	日页	借方金额											贷方金额											借或贷	余额										
月	日	种类	号数				亿	千	百	十	万	千	百	十	元	角	分	亿	千	百	十	万	千	百	十	元	角	分		亿	千	百	十	万	千	百	十	元	角	分

总账

年		凭证		摘要	对方科目	日页	借方金额											贷方金额											借或贷	余额										
月	日	种类	号数				亿	千	百	十	万	千	百	十	元	角	分	亿	千	百	十	万	千	百	十	元	角	分		亿	千	百	十	万	千	百	十	元	角	分

总账

年		凭证		摘要	对方科目	日页	借方金额											贷方金额											借或贷	余额										
月	日	种类	号数				亿	千	百	十	万	千	百	十	元	角	分	亿	千	百	十	万	千	百	十	元	角	分		亿	千	百	十	万	千	百	十	元	角	分

总账

年		凭证		摘要	对方科目	日页	借方金额											贷方金额											借或贷	余额										
月	日	种类	号数				亿	千	百	十	万	千	百	十	元	角	分	亿	千	百	十	万	千	百	十	元	角	分		亿	千	百	十	万	千	百	十	元	角	分

总账

年		凭证		摘要	对方科目	日页	借方金额											贷方金额											借或贷	余额										
月	日	种类	号数				亿	千	百	十	万	千	百	十	元	角	分	亿	千	百	十	万	千	百	十	元	角	分		亿	千	百	十	万	千	百	十	元	角	分

第 17 页

总账

年		凭证		摘要	对方科目	日页	借方金额											贷方金额											借或贷	余额										
月	日	种类	号数				亿	千	百	十	万	千	百	十	元	角	分	亿	千	百	十	万	千	百	十	元	角	分		亿	千	百	十	万	千	百	十	元	角	分

第 18 页

总账

年		凭证		摘要	对方科目	日页	借方金额											贷方金额											借或贷	余额										
月	日	种类	号数				亿	千	百	十	万	千	百	十	元	角	分	亿	千	百	十	万	千	百	十	元	角	分		亿	千	百	十	万	千	百	十	元	角	分

第 19 页

总账

年		凭证		摘要	对方科目	日页	借方金额											贷方金额											借或贷	余额										
月	日	种类	号数				亿	千	百	十	万	千	百	十	元	角	分	亿	千	百	十	万	千	百	十	元	角	分		亿	千	百	十	万	千	百	十	元	角	分

第 20 页

总账

年		凭证		摘要	对方科目	日页	借方金额											贷方金额											借或贷	余额										
月	日	种类	号数				亿	千	百	十	万	千	百	十	元	角	分	亿	千	百	十	万	千	百	十	元	角	分		亿	千	百	十	万	千	百	十	元	角	分

总账

年		凭证		摘要	对方科目	日页	借方金额											贷方金额											借或贷	余额										
月	日	种类	号数				亿	千	百	十	万	千	百	十	元	角	分	亿	千	百	十	万	千	百	十	元	角	分		亿	千	百	十	万	千	百	十	元	角	分

总账

年		凭证		摘要	对方科目	日页	借方金额											贷方金额											借或贷	余额										
月	日	种类	号数				亿	千	百	十	万	千	百	十	元	角	分	亿	千	百	十	万	千	百	十	元	角	分		亿	千	百	十	万	千	百	十	元	角	分

总账

年		凭证		摘要	对方科目	日页	借方金额											贷方金额											借或贷	余额										
月	日	种类	号数				亿	千	百	十	万	千	百	十	元	角	分	亿	千	百	十	万	千	百	十	元	角	分		亿	千	百	十	万	千	百	十	元	角	分

总账

年		凭证		摘要	对方科目	日页	借方金额											贷方金额											借或贷	余额										
月	日	种类	号数				亿	千	百	十	万	千	百	十	元	角	分	亿	千	百	十	万	千	百	十	元	角	分		亿	千	百	十	万	千	百	十	元	角	分

第 25 页

总账

年		凭证		摘要	对方科目	日页	借方金额											贷方金额											借或贷	余额										
月	日	种类	号数				亿	千	百	十	万	千	百	十	元	角	分	亿	千	百	十	万	千	百	十	元	角	分		亿	千	百	十	万	千	百	十	元	角	分

第 26 页

总账

年		凭证		摘要	对方科目	日页	借方金额											贷方金额											借或贷	余额										
月	日	种类	号数				亿	千	百	十	万	千	百	十	元	角	分	亿	千	百	十	万	千	百	十	元	角	分		亿	千	百	十	万	千	百	十	元	角	分

总账

第 27 页

年		凭证		摘要	对方科目	日页	借方金额											贷方金额											借或贷	余额										
月	日	种类	号数				亿	千	百	十	万	千	百	十	元	角	分	亿	千	百	十	万	千	百	十	元	角	分		亿	千	百	十	万	千	百	十	元	角	分

总账

第 28 页

年		凭证		摘要	对方科目	日页	借方金额											贷方金额											借或贷	余额										
月	日	种类	号数				亿	千	百	十	万	千	百	十	元	角	分	亿	千	百	十	万	千	百	十	元	角	分		亿	千	百	十	万	千	百	十	元	角	分

总账

年		凭证		摘要	对方科目	日页	借方金额											贷方金额											借或贷	余额										
月	日	种类	号数				亿	千	百	十	万	千	百	十	元	角	分	亿	千	百	十	万	千	百	十	元	角	分		亿	千	百	十	万	千	百	十	元	角	分

总账

年		凭证		摘要	对方科目	日页	借方金额											贷方金额											借或贷	余额										
月	日	种类	号数				亿	千	百	十	万	千	百	十	元	角	分	亿	千	百	十	万	千	百	十	元	角	分		亿	千	百	十	万	千	百	十	元	角	分

总账

年		凭证		摘要	对方科目	日页	借方金额											贷方金额											借或贷	余额										
月	日	种类	号数				亿	千	百	十	万	千	百	十	元	角	分	亿	千	百	十	万	千	百	十	元	角	分		亿	千	百	十	万	千	百	十	元	角	分

总账

年		凭证		摘要	对方科目	日页	借方金额											贷方金额											借或贷	余额										
月	日	种类	号数				亿	千	百	十	万	千	百	十	元	角	分	亿	千	百	十	万	千	百	十	元	角	分		亿	千	百	十	万	千	百	十	元	角	分

总账

年		凭证		摘要	对方科目	日页	借方金额											贷方金额											借或贷	余额										
月	日	种类	号数				亿	千	百	十	万	千	百	十	元	角	分	亿	千	百	十	万	千	百	十	元	角	分		亿	千	百	十	万	千	百	十	元	角	分

总账

年		凭证		摘要	对方科目	日页	借方金额											贷方金额											借或贷	余额										
月	日	种类	号数				亿	千	百	十	万	千	百	十	元	角	分	亿	千	百	十	万	千	百	十	元	角	分		亿	千	百	十	万	千	百	十	元	角	分

总账

年		凭证		摘要	对方科目	日页	借方金额											贷方金额											借或贷	余额										
月	日	种类	号数				亿	千	百	十	万	千	百	十	元	角	分	亿	千	百	十	万	千	百	十	元	角	分		亿	千	百	十	万	千	百	十	元	角	分

总账

年		凭证		摘要	对方科目	日页	借方金额											贷方金额											借或贷	余额										
月	日	种类	号数				亿	千	百	十	万	千	百	十	元	角	分	亿	千	百	十	万	千	百	十	元	角	分		亿	千	百	十	万	千	百	十	元	角	分

光明市永春机械公司

记　账　凭　证　封　面

第	册
共	册

自　　年　　月　　日至　　年　　月　　日

凭证名称	凭证起讫号码		凭证张数	附件张数	备注
	自	至			

会计档案	全宗号	目录号	案卷号	保管年限

财会主管　　　　装订

记　账　凭　证　封　底

抽出凭证记录

抽出日期			抽出凭证名称	抽出原因	抽出人签字	经管人签字	归还日期			收件人
年	月	日					年	月	日	

光明市永春机械公司

记 账 凭 证 封 面

第	册
共	册

自 年 月 日至 年 月 日

凭证名称	凭证起讫号码		凭证张数	附件张数	备注
	自	至			

会计档案	全宗号	目录号	案卷号	保管年限

财会主管　　　　装订

记 账 凭 证 封 底

抽出凭证记录

抽出日期			抽出凭证名称	抽出原因	抽出人签字	经管人签字	归还日期			收件人
年	月	日					年	月	日	

光明市永春机械公司

记 账 凭 证 封 面

第	册
共	册

自　　年　　月　　日至　　年　　月　　日

凭证名称	凭证起讫号码		凭证张数	附件张数	备注
	自	至			

会计档案	全宗号	目录号	案卷号	保管年限

财会主管　　　　装订

记 账 凭 证 封 底

抽出凭证记录

抽出日期			抽出凭证名称	抽出原因	抽出人签字	经管人签字	归还日期			收件人
年	月	日					年	月	日	

光明市永春机械公司

日　　记　　账

（库存现金、银行存款）

2×18 年度

账簿启用及接交表

单位名称		光明市永春机械公司 ★
账簿名称	（第　　册）	
账簿编号		
账簿页数	本账簿共计　　页（本账簿页数 检点人盖章　　）	
启用日期	公元　　年　　月　　日	

经管人员	单位主管		财务主管		复核		记账	
	姓名	盖章	姓名	盖章	姓名	盖章	姓名	盖章

接交记录	经管人员		接管				交出			
	职别	姓名	年	月	日	盖章	年	月	日	盖章
备注										

日记账封底

<table>
<tr><td>单位名称</td><td colspan="6">光明市永春机械公司</td><td colspan="2" rowspan="2">光明市永春机械公司 ★</td></tr>
<tr><td>账簿名称</td><td colspan="6">总分类账</td></tr>
<tr><td>所属年度</td><td colspan="2">年度</td><td colspan="2">装订册次</td><td colspan="4">第 册（共 册）</td></tr>
<tr><td>起讫页码</td><td colspan="8">自 第 页至第 页（共 页）</td></tr>
<tr><td rowspan="3">经管人员</td><td colspan="2">单位主管</td><td colspan="2">财会主管</td><td colspan="2">记账</td><td colspan="2">装订</td></tr>
<tr><td>姓名</td><td>盖章</td><td>姓名</td><td>盖章</td><td>姓名</td><td>盖章</td><td>姓名</td><td>盖章</td></tr>
<tr><td></td><td></td><td></td><td></td><td></td><td></td><td></td><td></td></tr>
<tr><td>备注</td><td colspan="8"></td></tr>
</table>

<table>
<tr><td rowspan="3">会计档案</td><td colspan="6">自 年 月 日至 年 月 日止</td></tr>
<tr><td colspan="6">册内共 页（张） 保管期限</td></tr>
<tr><td>全宗号</td><td></td><td>目录号</td><td></td><td>案卷号</td><td></td></tr>
</table>

目 录

总分类账封底

光明市永春机械公司

会　计　报　表

（资产负债表、利润表）

2×18 年度

（本书封底代“会计报表封底”）

征税/扣税单证汇总簿封面

税款所属时间：自　　年　月　日　至　　年　月　日				填制日期：　　年　月　日	
单位名称	（公章）				
本册单证份数		金　额		税额	
单证种类	增值税专用发票抵扣联		本月此类单证总册数		
本册单证编号		备　注			
财务负责人		财务人员		办税人员	

说明：1. 如有跨月使用的整本发票和收购凭证，请在备注中注明每月使用份数、金额和税额。
2. 汇总簿限每册 25 份。

征税/扣税单证汇总簿封底

年 月 第 号至第 号 第 册 共 册

记账凭证装订包角

年 月 第 号至第 号 第 册 共 册

记账凭证装订包角

年 月 第 号至第 号 第 册 共 册

年 月 第 号至第 号 第 册 共 册

穿孔

折叠线

包角使用说明：

1. 手工穿线装订方法。该面朝上，与凭证左上角对齐，在“●”处打孔、穿线并结紧后，沿折叠线往上折，将角的两翼往后折并用胶水粘紧。

2. 装订机打孔装订方法。在“⊗”孔并插入铆管和定芯轴；然后热铆并压下手柄（停留片刻）；最后拨出定芯轴，取出文件，装订完成。

沿虚线裁下成两个十字包角

包角使用说明：

1. 手工穿线装订方法。该面朝上，与凭证左上角对齐，在“●”处打孔、穿线并结紧后，沿折叠线往上折，将角的两翼往后折并用胶水粘紧。

2. 装订机打孔装订方法。在“⊗”孔并插入铆管和定芯轴；然后热铆并压下手柄（停留片刻）；最后拨出定芯轴，取出文件，装订完成。

沿虚线裁下成两个十字包角

包角使用说明：

1. 手工穿线装订方法。该面朝上，与凭证左上角对齐，在“●”处打孔、穿线并结紧后，沿折叠线往上折，将角的两翼往后折并用胶水粘紧。

2. 装订机打孔装订方法。在“⊗”孔并插入铆管和定芯轴；然后热铆并压下手柄（停留片刻）；最后拨出定芯轴，取出文件，装订完成。

包角使用说明：

1. 手工穿线装订方法。该面朝上，与凭证左上角对齐，在“●”处打孔、穿线并结紧后，沿折叠线往上折，将角的两翼往后折并用胶水粘紧。

2. 装订机打孔装订方法。在“⊗”孔并插入铆管和定芯轴；然后热铆并压下手柄（停留片刻）；最后拨出定芯轴，取出文件，装订完成。

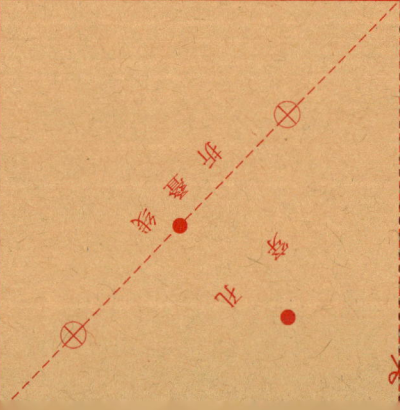

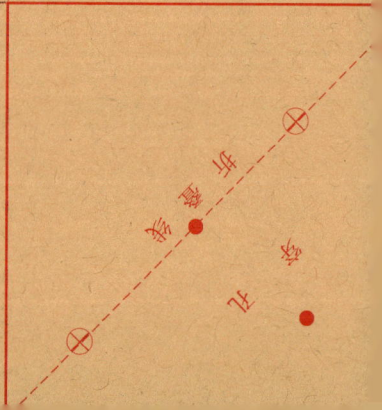

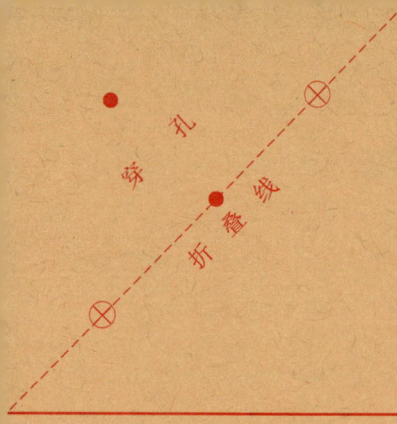

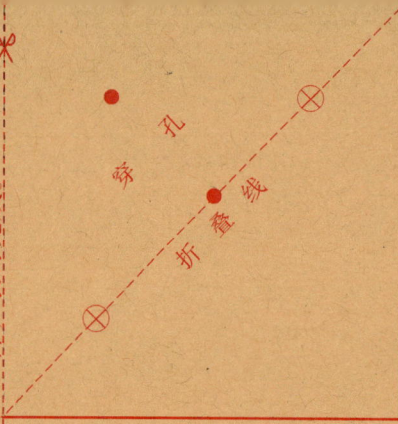

单位名称	光明市永春机械公司		光明市永春机械公司
账簿名称	明细分类账		
所属年度	年度	装订册次	第　　册（共　　册）
起讫页码	自　　第　　页至第　　页（共　　页）		

经管人员	单位主管		财会主管		记账		装订	
	姓名	盖章	姓名	盖章	姓名	盖章	姓名	盖章
备注								

会计档案	自　　年　　月　　日至　　年　　月　　日止				
	册内共　　页（张）		保管期限		
	全宗号		目录号		案卷号

目 录

明细分类账封底

级科目编号及名称

应收票据 明细账

总第____页 分第____页

年	年	凭证	凭证	摘要	对方科目	日页	借方金额	√	贷方金额	√	借或贷	余额	√
月	日	种类	号数				亿千百十万千百十元角分		亿千百十万千百十元角分			亿千百十万千百十元角分	

级科目编号及名称

应收账款 明细账

总第____页 分第____页

年	年	凭证	凭证	摘要	对方科目	日页	借方金额	√	贷方金额	√	借或贷	余额	√
月	日	种类	号数				亿千百十万千百十元角分		亿千百十万千百十元角分			亿千百十万千百十元角分	

级科目编号及名称

应收账款 明细账

总第 页 分第 页

年		凭证		摘要	对方科目	日页	借方金额											√	贷方金额											√	借或贷	余额											√
月	日	种类	号数				亿	千	百	十	万	千	百	十	元	角	分		亿	千	百	十	万	千	百	十	元	角	分			亿	千	百	十	万	千	百	十	元	角	分	

级科目编号及名称

预付账款 明细账

总第 页 分第 页

年		凭证		摘要	对方科目	日页	借方金额											√	贷方金额											√	借或贷	余额											√
月	日	种类	号数				亿	千	百	十	万	千	百	十	元	角	分		亿	千	百	十	万	千	百	十	元	角	分			亿	千	百	十	万	千	百	十	元	角	分	

级科目编号及名称

预付账款　　　　明细账

总第　　页　分第　　页

年		凭证		摘要	对方科目	日页	借方金额	√	贷方金额	√	借或贷	余额	√
月	日	种类	号数				亿 千 百 十 万 千 百 十 元 角 分		亿 千 百 十 万 千 百 十 元 角 分			亿 千 百 十 万 千 百 十 元 角 分	

级科目编号及名称

其他应收款　　　　明细账

总第　　页　分第　　页

年		凭证		摘要	对方科目	日页	借方金额	√	贷方金额	√	借或贷	余额	√
月	日	种类	号数				亿 千 百 十 万 千 百 十 元 角 分		亿 千 百 十 万 千 百 十 元 角 分			亿 千 百 十 万 千 百 十 元 角 分	

原材料明细账

总页________ 分页________

存储地点________ 最高存量________ 最低存量________ 计量单位________ 货名________

年		凭证		摘要	收入（借方）												发出（贷方）												结存											
					数量	单价	金额										数量	单价	金额										数量	单价	金额									
月	日	种类	号数				千	百	十	万	千	百	十	元	角	分			千	百	十	万	千	百	十	元	角	分			千	百	十	万	千	百	十	元	角	分

财会主管

复核

记账

原材料明细账

总页　　分页

存储地点　　最高存量　　最低存量　　计量单位　　货名

年		凭证		摘要	收入（借方）												发出（贷方）												结存											
					数量	单价	金额										数量	单价	金额										数量	单价	金额									
月	日	种类	号数				千	百	十	万	千	百	十	元	角	分			千	百	十	万	千	百	十	元	角	分			千	百	十	万	千	百	十	元	角	分

财会主管

复核

记账

原材料　　明细账

总页　　　　分页

存储地点　　　　最高存量　　　　最低存量　　　　计量单位　　　　货名

年		凭证		摘要	收入（借方）												发出（贷方）												结存											
					数量	单价	金额										数量	单价	金额										数量	单价	金额									
月	日	种类	号数				千	百	十	万	千	百	十	元	角	分			千	百	十	万	千	百	十	元	角	分			千	百	十	万	千	百	十	元	角	分

财会主管

复核

记账

库存商品明细账

总页 ________ 分页 ________

存储地点 ________ 最高存量 ________ 最低存量 ________ 计量单位 ________ 货名 ________

年		凭证		摘要	收入（借方）												发出（贷方）												结存											
					数量	单价	金额										数量	单价	金额										数量	单价	金额									
月	日	种类	号数				千	百	十	万	千	百	十	元	角	分			千	百	十	万	千	百	十	元	角	分			千	百	十	万	千	百	十	元	角	分

财会主管

复核

记账

库存商品　明细账

总页　　分页

存储地点　　最高存量　　最低存量　　计量单位　　货名

年		凭证		摘要	收入（借方）												发出（贷方）												结存											
月	日	种类	号数		数量	单价	金额										数量	单价	金额										数量	单价	金额									
							千	百	十	万	千	百	十	元	角	分			千	百	十	万	千	百	十	元	角	分			千	百	十	万	千	百	十	元	角	分

财会主管

复核

记账

级科目编号及名称

固定资产 明细账

总第 页 分第 页

年		凭证		摘要	对方科目	日页	借方金额											√	贷方金额											√	借或贷	余额											√
月	日	种类	号数				亿	千	百	十	万	千	百	十	元	角	分		亿	千	百	十	万	千	百	十	元	角	分			亿	千	百	十	万	千	百	十	元	角	分	

级科目编号及名称

固定资产 明细账

总第 页 分第 页

年		凭证		摘要	对方科目	日页	借方金额											√	贷方金额											√	借或贷	余额											√
月	日	种类	号数				亿	千	百	十	万	千	百	十	元	角	分		亿	千	百	十	万	千	百	十	元	角	分			亿	千	百	十	万	千	百	十	元	角	分	

____级科目编号及名称____________ **在建工程　　　　明细账** 　　总第______页　分第______页

年		凭证		摘　要	对方科目	日页	借方金额	√	贷方金额	√	借或贷	余　额	√
月	日	种类	号数				亿千百十万千百十元角分		亿千百十万千百十元角分			亿千百十万千百十元角分	

____级科目编号及名称____________ **在建工程　　　　明细账** 　　总第______页　分第______页

年		凭证		摘　要	对方科目	日页	借方金额	√	贷方金额	√	借或贷	余　额	√
月	日	种类	号数				亿千百十万千百十元角分		亿千百十万千百十元角分			亿千百十万千百十元角分	

生产成本明细分类账

投产日期________ 计划工时________ 总页次________ 分页次________

完工日期________ 实际工时________ 生产车间________

完成产量________ 投产数量________ 产品规格________ 产品名称________

年		凭证号数	摘要	借方发生额	成本项目			
					直接材料	直接人工	制造费用	
月	日			千百十万千百十元角分	千百十万千百十元角分	千百十万千百十元角分	千百十万千百十元角分	千百十万千百十元角分

财会主管

复核

记账

生产成本明细分类账

投产日期　　计划工时　　总页次　　分页次

完工日期　　实际工时　　生产车间

完成产量　　投产数量　　产品规格　　产品名称

年		凭证号数	摘要	借方发生额	成本项目			
					直接材料	直接人工	制造费用	
月	日			千百十万千百十元角分	千百十万千百十元角分	千百十万千百十元角分	千百十万千百十元角分	千百十万千百十元角分

财会主管

复核

记账

级科目编号及名称 　　　　**制造费用　　明细账**　　　　总第　　页　分第　　页

年		凭证号数	摘要	借方									（　　）方金额分析					
月	日			百	十	万	千	百	十	元	角	分	办公费	物料费	工薪费用	折旧费	水电费	

财会主管

复核

记账

级科目编号及名称

短期借款　　　　明细账

总第　　页　分第　　页

年		凭证		摘要	对方科目	日页	借方金额										√	贷方金额										√	借或贷	余额										√
月	日	种类	号数				亿	千	百	十	万	千	百	十	元	角	分		亿	千	百	十	万	千	百	十	元	角	分			亿	千	百	十	万	千	百	十	元	角	分	

级科目编号及名称

应付票据　　　　明细账

总第　　页　分第　　页

年		凭证		摘要	对方科目	日页	借方金额										√	贷方金额										√	借或贷	余额										√
月	日	种类	号数				亿	千	百	十	万	千	百	十	元	角	分		亿	千	百	十	万	千	百	十	元	角	分			亿	千	百	十	万	千	百	十	元	角	分	

级科目编号及名称

应付账款　明细账

总第　页　分第　页

年		凭证		摘要	对方科目	日页	借方金额											√	贷方金额											√	借或贷	余额											√
月	日	种类	号数				亿	千	百	十	万	千	百	十	元	角	分		亿	千	百	十	万	千	百	十	元	角	分			亿	千	百	十	万	千	百	十	元	角	分	

级科目编号及名称

应付账款　明细账

总第　页　分第　页

年		凭证		摘要	对方科目	日页	借方金额											√	贷方金额											√	借或贷	余额											√
月	日	种类	号数				亿	千	百	十	万	千	百	十	元	角	分		亿	千	百	十	万	千	百	十	元	角	分			亿	千	百	十	万	千	百	十	元	角	分	

____级科目编号及名称____

应付账款　　明细账

总第____页　分第____页

年		凭证		摘要	对方科目	日页	借方金额											√	贷方金额											√	借或贷	余额											√
月	日	种类	号数				亿	千	百	十	万	千	百	十	元	角	分		亿	千	百	十	万	千	百	十	元	角	分			亿	千	百	十	万	千	百	十	元	角	分	

____级科目编号及名称____

预收账款　　明细账

总第____页　分第____页

年		凭证		摘要	对方科目	日页	借方金额											√	贷方金额											√	借或贷	余额											√
月	日	种类	号数				亿	千	百	十	万	千	百	十	元	角	分		亿	千	百	十	万	千	百	十	元	角	分			亿	千	百	十	万	千	百	十	元	角	分	

级科目编号及名称

预收账款 明细账

总第 页 分第 页

年		凭证		摘要	对方科目	日页	借方金额											√	贷方金额											√	借或贷	余额											√
月	日	种类	号数				亿	千	百	十	万	千	百	十	元	角	分		亿	千	百	十	万	千	百	十	元	角	分			亿	千	百	十	万	千	百	十	元	角	分	

级科目编号及名称

应付职工薪酬 明细账

总第 页 分第 页

年		凭证		摘要	对方科目	日页	借方金额											√	贷方金额											√	借或贷	余额											√
月	日	种类	号数				亿	千	百	十	万	千	百	十	元	角	分		亿	千	百	十	万	千	百	十	元	角	分			亿	千	百	十	万	千	百	十	元	角	分	

级科目编号及名称

应付职工薪酬 明细账

总第　　页　分第　　页

年		凭证		摘　要	对方科目	日页	借方金额											√	贷方金额											√	借或贷	余　额											√
月	日	种类	号数				亿	千	百	十	万	千	百	十	元	角	分		亿	千	百	十	万	千	百	十	元	角	分			亿	千	百	十	万	千	百	十	元	角	分	

级科目编号及名称

应交税费 明细账

总第　　页　分第　　页

年		凭证		摘　要	对方科目	日页	借方金额											√	贷方金额											√	借或贷	余　额											√
月	日	种类	号数				亿	千	百	十	万	千	百	十	元	角	分		亿	千	百	十	万	千	百	十	元	角	分			亿	千	百	十	万	千	百	十	元	角	分	

级科目编号及名称　　　　**应交税费　　　　明细账**　　　　总第　　页　分第　　页

年		凭证		摘要	对方科目	日页	借方金额											√	贷方金额											√	借或贷	余额											√
月	日	种类	号数				亿	千	百	十	万	千	百	十	元	角	分		亿	千	百	十	万	千	百	十	元	角	分			亿	千	百	十	万	千	百	十	元	角	分	

级科目编号及名称　　　　**应交税费　　　　明细账**　　　　总第　　页　分第　　页

年		凭证		摘要	对方科目	日页	借方金额											√	贷方金额											√	借或贷	余额											√
月	日	种类	号数				亿	千	百	十	万	千	百	十	元	角	分		亿	千	百	十	万	千	百	十	元	角	分			亿	千	百	十	万	千	百	十	元	角	分	

____级科目编号及名称____________

应交税费　　　　明细账

总第______页　分第______页

年		凭证		摘要	对方科目	日页	借方金额											√	贷方金额											√	借或贷	余额											√
月	日	种类	号数				亿	千	百	十	万	千	百	十	元	角	分		亿	千	百	十	万	千	百	十	元	角	分			亿	千	百	十	万	千	百	十	元	角	分	

____级科目编号及名称____________

应交税费　　　　明细账

总第______页　分第______页

年		凭证		摘要	对方科目	日页	借方金额											√	贷方金额											√	借或贷	余额											√
月	日	种类	号数				亿	千	百	十	万	千	百	十	元	角	分		亿	千	百	十	万	千	百	十	元	角	分			亿	千	百	十	万	千	百	十	元	角	分	

应交税费——应交增值税 明细账

总第____页 分第____页

年		凭证字号	摘要	借方发生额				贷方发生额			借或贷	余额
月	日			进项税额	已交税金	转出未交增值税	合计	销项税额	转出多交增值税	合计		

级科目编号及名称

应付利息　　明细账

总第　　页　分第　　页

年		凭证		摘要	对方科目	日页	借方金额											√	贷方金额											√	借或贷	余额											√
月	日	种类	号数				亿	千	百	十	万	千	百	十	元	角	分		亿	千	百	十	万	千	百	十	元	角	分			亿	千	百	十	万	千	百	十	元	角	分	

级科目编号及名称

应付股利　　明细账

总第　　页　分第　　页

年		凭证		摘要	对方科目	日页	借方金额											√	贷方金额											√	借或贷	余额											√
月	日	种类	号数				亿	千	百	十	万	千	百	十	元	角	分		亿	千	百	十	万	千	百	十	元	角	分			亿	千	百	十	万	千	百	十	元	角	分	

级科目编号及名称 ________ **应付股利** 明细账 总第 ____ 页 分第 ____ 页

年		凭证		摘要	对方科目	日页	借方金额	√	贷方金额	√	借或贷	余额	√
月	日	种类	号数				亿千百十万千百十元角分		亿千百十万千百十元角分			亿千百十万千百十元角分	

级科目编号及名称 ________ **实收资本** 明细账 总第 ____ 页 分第 ____ 页

年		凭证		摘要	对方科目	日页	借方金额	√	贷方金额	√	借或贷	余额	√
月	日	种类	号数				亿千百十万千百十元角分		亿千百十万千百十元角分			亿千百十万千百十元角分	

实收资本 明细账

总第______页 分第______页

____级科目编号及名称____________

年		凭证		摘要	对方科目	日页	借方金额											√	贷方金额											√	借或贷	余额											√
月	日	种类	号数				亿	千	百	十	万	千	百	十	元	角	分		亿	千	百	十	万	千	百	十	元	角	分			亿	千	百	十	万	千	百	十	元	角	分	

资本公积 明细账

总第______页 分第______页

____级科目编号及名称____________

年		凭证		摘要	对方科目	日页	借方金额											√	贷方金额											√	借或贷	余额											√
月	日	种类	号数				亿	千	百	十	万	千	百	十	元	角	分		亿	千	百	十	万	千	百	十	元	角	分			亿	千	百	十	万	千	百	十	元	角	分	

盈余公积　　　　明细账

总第＿＿＿＿页　分第＿＿＿＿页

＿＿级科目编号及名称＿＿＿＿＿＿＿＿

年		凭证		摘要	对方科目	日页	借方金额											√	贷方金额											√	借或贷	余额											√
月	日	种类	号数				亿	千	百	十	万	千	百	十	元	角	分		亿	千	百	十	万	千	百	十	元	角	分			亿	千	百	十	万	千	百	十	元	角	分	

利润分配　　　　明细账

总第＿＿＿＿页　分第＿＿＿＿页

＿＿级科目编号及名称＿＿＿＿＿＿＿＿

年		凭证		摘要	对方科目	日页	借方金额											√	贷方金额											√	借或贷	余额											√
月	日	种类	号数				亿	千	百	十	万	千	百	十	元	角	分		亿	千	百	十	万	千	百	十	元	角	分			亿	千	百	十	万	千	百	十	元	角	分	

利润分配　　　　明细账

总第＿＿＿＿页　分第＿＿＿＿页

＿＿级科目编号及名称＿＿＿＿＿＿＿＿

年		凭证		摘要	对方科目	日页	借方金额											√	贷方金额											√	借或贷	余额											√
月	日	种类	号数				亿	千	百	十	万	千	百	十	元	角	分		亿	千	百	十	万	千	百	十	元	角	分			亿	千	百	十	万	千	百	十	元	角	分	

利润分配　　　　明细账

总第＿＿＿＿页　分第＿＿＿＿页

＿＿级科目编号及名称＿＿＿＿＿＿＿＿

年		凭证		摘要	对方科目	日页	借方金额											√	贷方金额											√	借或贷	余额											√
月	日	种类	号数				亿	千	百	十	万	千	百	十	元	角	分		亿	千	百	十	万	千	百	十	元	角	分			亿	千	百	十	万	千	百	十	元	角	分	

___级科目编号及名称

本年利润　明细账

总第____页　分第____页

年		凭证		摘要	对方科目	日页	借方金额	√	贷方金额	√	借或贷	余额	√
月	日	种类	号数				十亿千百十万千百十元角分		十亿千百十万千百十元角分			十亿千百十万千百十元角分	

财会主管

复核

记账

级科目编号及名称 主营业务收入 明细账 总第 页 分第 页

年		凭证号数	摘要	贷方									( )方金额分析					
月	日			百	十	万	千	百	十	元	角	分						

级科目编号及名称 营业外收入 明细账 总第 页 分第 页

年		凭证号数	摘要	贷方									( )方金额分析					
月	日			百	十	万	千	百	十	元	角	分						

级科目编号及名称　　　　主营业务成本　　　明细账　　　总第　　页　分第　　页

年		凭证号数	摘要	借方									（　　）方金额分析					
月	日			百	十	万	千	百	十	元	角	分						

级科目编号及名称　　　　税金及附加　　　明细账　　　总第　　页　分第　　页

年		凭证号数	摘要	借方									（　　）方金额分析					
月	日			百	十	万	千	百	十	元	角	分	印花税	城建税	教育费附加	房产税		

级科目编号及名称

销售费用 明细账

总第 页 分第 页

年		凭证号数	摘要	借方									（ ）方金额分析					
月	日			百	十	万	千	百	十	元	角	分						

财会主管

复核

记账

级科目编号及名称

管理费用 明细账

总第 页 分第 页

年		凭证号数	摘要	借方									( )方金额分析					
月	日			百	十	万	千	百	十	元	角	分						

财会主管

复核

记账

____级科目编号及名称____

财务费用 明细账

总第____页 分第____页

年		凭证号数	摘要	借方									( )方金额分析					
月	日			百	十	万	千	百	十	元	角	分						

____级科目编号及名称____

营业外支出 明细账

总第____页 分第____页

年		凭证号数	摘要	借方									( )方金额分析					
月	日			百	十	万	千	百	十	元	角	分						